省级一流本科专业建设成果教材

省级一流本科课程教材

化工原理实验

王玥 主编　　陈莹 副主编

化学工业出版社

·北京·

内容简介

《化工原理实验》的内容依据各单元操作原理设置，包括流动阻力测定、流量计的标定和离心泵综合实验、恒压过滤实验、传热综合实验、精馏实验、二氧化碳吸收与解吸实验、干燥实验以及演示实验等。为提高学生的科学素养及分析和解决问题的能力，本书提供实验报告数据处理样例供学生参考，使教材内容符合工程教育认证理念下的化工人才培养目标，并且注重培养学生的安全意识与绿色理念，充分发挥实验课程的思政育人功能。

本书适用于应用型本科院校的化工类相关专业。

图书在版编目（CIP）数据

化工原理实验 / 王玥主编；陈莹副主编. -- 北京：化学工业出版社，2025. 8. --（省级一流本科专业建设成果教材）. -- ISBN 978-7-122-48253-2

Ⅰ. TQ02-33

中国国家版本馆 CIP 数据核字第 2025A1L480 号

责任编辑：吕　尤　徐雅妮　　　　文字编辑：孙倩倩
责任校对：宋　夏　　　　　　　　装帧设计：关　飞

出版发行：化学工业出版社
　　　　　（北京市东城区青年湖南街 13 号　邮政编码 100011）
印　　装：大厂回族自治县聚鑫印刷有限责任公司
787mm×1092mm　1/16　印张 9½　字数 220 千字
2025 年 10 月北京第 1 版第 1 次印刷

购书咨询：010-64518888　　　　售后服务：010-64518899
网　　址：http://www.cip.com.cn
凡购买本书，如有缺损质量问题，本社销售中心负责调换。

定　　价：29.90 元　　　　　　　版权所有　违者必究

本书编写人员名单

主　编：王　玥

副主编：陈　莹

参加编写的人员：王立轩　李　娜

前言

"化工原理"是化工类专业及其他相关专业重要的专业基础课，它是综合运用数学、物理、化学等基础知识，分析和解决化学加工生产中各种物理过程问题的工程学科。化工原理实验是将化工原理理论与实践相联系的重要环节，具有典型的工程特点。本书编写以培养学生"处理工程问题的实验研究方法"为基本点，力求满足学生学习后续相关专业课程及日后从事化工专业工作所需要的实践操作能力需求。本书着重于引导学生理解化工各单元操作的原理，掌握典型化工设备的操作性能，具备测定重要过程参数的能力，循序渐进地引导学生完成"用专业知识解决工程问题"的实践过程，提高分析和解决实际工程问题的能力，培养严谨的工作作风和实事求是的科学态度，为未来的专业学习及职业发展打下良好基础。

全书共六章。第一章绪论介绍化工原理实验的课程性质及任务，并对学生提出具体要求，同时强调实验室安全是实验室工作正常进行的基本条件，为了实验的正常开展和保证自身安全，学生应当熟悉相关实验安全管理规定。第二章介绍化工实验参数测量方法，帮助学生掌握化工生产中重要参数的测量技术。第三章介绍实验数据误差分析及数据处理方法，培养学生解决实际问题的能力和正确表达实验结果的能力。第四章为基础实验，在每个实验项目中首先提出实验的目的、内容和原理，阐述具体任务；在实验装置及方法、步骤中对比了传统设备与升级设备，体现了化工新技术的发展；实验数据记录及报告要求帮助学生锻炼分析问题的能力及科学研究能力；最后思考题的提出帮助培养学生思辨能力与创新思维。第五章为演示实验。第六章为实验报告数据处理样例，规范实验报告撰写要求的同时强调科学素养的养成。

本书第一至三章由王玥、陈莹编写；第四章由王玥、王立轩、李娜编写；第五章由王立轩编写；第六章由李娜编写。

在本书编写过程中，编者尽可能地吸收和整合当前先进知识和实验技术，但限于时间和能力，疏漏和不足在所难免。在此期待读者的宝贵意见，以便能够不断改进和完善。

编者

2025 年 3 月

目录

第一章

绪　论

第一节　化工原理实验基础知识

一、化工原理实验的目的及意义

"化工原理"是化工类专业及其他相关专业重要的专业基础课，它是综合运用数学、物理、化学等基础知识，分析和解决化学加工生产中各种物理过程问题的工程学科。化工原理实验是将化工原理理论与实践相联系的重要环节，具有典型的工程特点，通过本课程的学习，学生可熟悉各化工单元操作的工艺流程及设备的基本原理、结构和性能，验证各单元操作过程的规律、机理，加深对化工原理基础理论、基本知识的理解；培养学生理论联系实际、分析和解决工程实际问题的能力，树立学生科学严谨的态度，发扬实事求是的精神，为将来的专业学习及实际工作打下良好基础。

二、化工原理实验的任务与教学内容

化工原理实验是化工原理课程体系不可或缺的一环，其作为实践教学与化工原理理论课程、课程设计、仿真实习等教学环节紧密衔接，构成一个有机整体。化工原理实验的主要任务是应用化工原理知识来指导实验，加深学生对化工单元操作原理、流程及装置的理解，强化学生运用理论知识解决复杂工程问题的实践能力。

化工原理实验的教学内容主要包括实验理论教学与实践教学两部分。实验理论教学内容包括实验注意事项、实验准备工作、实验室安全规则、实验参数测量方法和实验数据误差分析及数据处理方法。实践教学则分为化工原理基础实验和演示实验两类。其中基础实验包括流动阻力测定、流量计的标定、离心泵综合实验、恒压过滤实验、传热综合实验、精馏实验、

二氧化碳吸收与解吸实验和干燥实验；演示实验包括雷诺实验、机械能转化实验、流线演示实验、非均相旋风分离实验、液-液萃取实验等。

三、化工原理实验教学要求

化工原理实验主要由以下几个教学环节组成：实验理论课、预习并撰写预习报告、实验操作前熟悉设备并回答问题、实验操作、处理数据并撰写实验报告。为培养学生工程实践能力和解决问题的能力，整个实验过程坚持启发式、讨论式、研究式和交互式的教学方法，充分发挥学生自身的主观能动性，体现以学生发展为中心的理念。

1. 实验预习

预习工作是任何实验课程的必要前提，学生在实验之前必须充分掌握实验原理、实验装置与流程、实验方法步骤以及应该记录哪些现象与实验数据，具体要求如下。

① 认真阅读实验指导书，复习理论教材中的有关知识，明确所做实验的目的、任务和要求；认真观看实验讲解视频，熟悉实验流程和实验装置，明确实验过程应当测取的数据。

② 明确实验装置的各测量控制点，了解相关测控仪表的参数和类型，清楚操作要点和注意事项。

③ 书写预习报告，预习报告中需明确实验的目的和任务、实验原理、实验装置流程图及注释、实验步骤及注意事项等。设计并绘制原始数据记录表，表格中应标注各项物理量的名称、符号和单位等。

2. 实验实施过程

① 务必熟悉实验室安全规则，包括紧急出口位置、急救设施的使用方法以及如何正确使用消防器材。穿戴适当的实验服装，包括实验服、安全眼镜、手套等，确保人身安全。

② 在涉及温度和压力变化的实验中，要严格按照实验要求调节和控制，避免超出安全范围，造成危险。

③ 实验过程中秉承实事求是的态度，要把实验中观测到的现象、数据、规律真实地记录下来，把它们作为"第一性"的材料来对待，原始数据需经实验指导老师签字确认，不能以任何理由加以编造、修改。

④ 化工原理实验以 2～5 人的小组完成，实验过程应与组员保持良好的沟通和合作，分工明确，共同完成实验任务。

⑤ 在实验过程中，遇到不确定或有问题的情况，应及时向指导教师求助，遵循其指导和建议，确保实验的顺利进行。

⑥ 实验完成后，要及时清理实验台和使用过的器材，按照规定处理废弃物，保持实验环境的整洁和安全。

3. 实验数据的处理及实验报告的撰写

实验结束后，应及时认真进行实验数据的分析和处理工作，撰写实验报告。实验报告是学生对所做实验的总结，通过实验数据的处理、分析、总结等，培养学生分析问题、解决问题的能力及科学思维，需要独立完成。实验报告主要包括以下内容。

① 实验报告封皮，包括实验项目名称、班级、姓名及同组者姓名、实验指导教师、实验日期等。

② 实验目的。

③ 实验基本原理。

④ 实验设备流程图及主要操作过程。

⑤ 原始实验数据记录表。

⑥ 实验数据的处理过程及实验结论。

⑦ 对实验现象及所存在的问题进行讨论与说明。

第二节　化工原理实验室安全规则

实验室的安全管理是一项至关重要的任务，它涉及实验室人员的生命安全、实验设备的完好以及实验环境的稳定。在化工原理实验室中，涉及乙醇、正丙醇等易挥发试剂，此外，换热器、精馏装置等设备加热产生蒸汽，一旦操作不当会引发安全事故。因此，建立健全的安全管理制度和措施，是确保实验室安全运行的基础。化工原理实验室应制定详细的安全规章制度，明确实验室的安全责任人、安全操作规程、危险化学品的存储和使用方法、应急处理措施等。同时，实验室应定期进行安全检查和隐患排查，及时发现和消除安全隐患。只有加强安全管理，才能确保实验室的安全运行，为实验教学的有效进行提供有力保障。

一、指导教师职责

① 实验指导教师应始终把培养学生的创新意识、创新能力、科学素养和规范的实验操作技能放在首位。

② 实验指导教师必须熟悉实验仪器的性能，能正确并熟练操作仪器。首次上岗的教师必须在实验教学经验丰富的教师指导下熟悉后指导实验。

③ 在实验开始之前，对学生进行全面的安全教育培训，包括化学试剂的正确使用和存储、仪器设备安全规范操作、紧急情况下的应对措施、个人防护装备的正确穿戴使用等。

④ 在实验过程中，密切监督学生的操作，确保学生遵守安全规范，正确使用仪器设备和化学试剂，及时纠正不安全的行为。

⑤ 定期参加安全培训，更新自己的安全知识和提高应急处理能力，确保能够有效应对各种突发情况。

二、实验学生守则

① 提前十分钟进入实验室，做好实验准备。衣着实验服，不准穿拖鞋进入实验室。保持安静，维护室内清洁卫生。

② 服从实验员和指导老师的安排，严格遵守实验室的管理制度。

③ 实验前做好预习，专心听从指导老师的讲解，必须切实掌握仪器设备使用方法和药品、材料的特性，经指导老师同意后方可开始实验，实验过程必须严格遵守操作规程。

④ 对于实验用的酸、碱和有毒物质等要按规定取用、有序摆放，使用过程切实注意安全。

⑤ 实验过程中出现不正常现象必须及时报告指导老师或实验员，采取正确措施及时处理，以免造成事故。

⑥ 使用仪器设备前，必须先熟悉仪器的使用方法和操作规程，方可使用仪器，并填写仪器运行记录表。

⑦ 未经许可，不得搬动和使用除实验指定外的其他仪器设备；不得把实验室的物品带离实验室，违者按学校有关规定处理。

⑧ 实验中应仔细观察，实事求是地做好原始记录。实验结束后，将实验记录和结果交给老师审阅，并认真填写有关登记表格，整理和复原实验用过的仪器设备，并做好室内清洁，关好门、窗、水、电，经老师同意后方可离开实验室。

三、实验室管理人员职责

① 负责化工原理实验室和准备室的建设和管理工作，保持工作环境和实验室的整洁卫生，负责实验室的安全检查和预防工作，对发现的安全隐患应及时处理，避免安全事故的发生。

② 配合实验指导教师，督促学生做好实验结束后的卫生值日，督促学生垃圾分类存放和实验桌面的整理。待与实验指导教师完成实验室交接后，实验室工作人员应及时添补待用试剂瓶中的试剂，保管好多余药品。最后，实验室工作人员应关闭水、电、气总阀及门窗，确保无误后方能离开。

③ 熟悉实验室所用仪器的工作原理，负责实验室仪器设备的安装、调试、验收、保管、维护和校验。负责简单故障和一般仪器设备的维修，达到规定的质量标准，确保仪器设备的完好率和教学的正常进行。

四、实验室仪器设备的管理制度

① 所有的实验设备均应严格要求操作者按照安全及操作规程使用设备，防范事故发生，对因违反操作规程或管理不善致使仪器损坏的，要追究当事者责任。

② 对大型实验设备实行"专人负责、开放运行、资质操作、网络管理"的规则，以提高仪器设备的使用率和完好率。为实现资源共享，采取"网上预约，开放使用"原则。

③ 各种精密仪器（包括阿贝折射仪等）应分别安放在不受环境干扰比较安全的地方，并

注意防震、防潮、防止阳光直接照射，使用过程中应保持清洁，使用完毕一般应用仪器套罩住。

④ 切实保证仪器设备的安全，建立制度，加强防范，定期检查，严防在操作过程中发生触电、失火、爆炸、中毒和仪器设备损坏等，杜绝人身安全事故的发生。

五、易燃、易爆等化学品的管理制度

① 各实验室须建立化学品出入库台账。化学品采购、入库、领用、使用以及危险废弃物处置等环节都须及时、准确做好记录，做到账物、账账相符。

② 使用化学品的实验人员对自身安全负责。实验人员须充分掌握实验目的和反应机理，仔细阅读化学品安全说明书，充分预测实验可能产生的危害，按需佩戴合适的防护服、口罩或防毒面具、护目镜等防护用品。

③ 若在实验中使用易挥发试剂，或是会产生有毒、有害、刺激性气体或烟雾的，须在安装有吸附装置的通风橱内进行操作。

④ 学生使用危险化学品须在老师指导下进行。实验过程中，实验人员须密切留意实验动态，严禁脱岗和无人值守。严禁闲杂人等进入实验室。严禁将食品和饮料等带入实验室。严禁用食品饮料包装储存危险化学品及其溶液。严禁把化学品带出实验室。

⑤ 若化学品丢失，使用人应保护现场，立即报告本实验室负责人、实验中心管理人员。危险化学品丢失的，须报保卫处，由保卫处报告公安部门调查和处理。

第二章

化工实验参数测量方法

化工实验中，参数的测量至关重要，其准确性、稳定性和及时性是实验成功与否的关键因素，它对实验的设计、控制、优化和最终结果的准确性有直接影响。本章的主要内容是介绍化工基本参数如温度、压力、流量等的测量原理，说明仪表的使用范围及正确选择，并熟悉仪表的正确安装和操作。

第一节　测量技术基础知识

静态特性和动态特性是测量技术中不可或缺的两个部分，它们体现了仪器对变化的输入信号响应的不同方式和特点。

一、静态特性

静态特性描述的是测量系统在稳态（即输入信号不随时间变化）条件下的性能表现。它反映了当信号为定值或变化缓慢时，系统的输出与输入的关系可以用相应的代数方程来描述。静态特性的主要技术指标包括精度、线性度、回差、灵敏度与灵敏限、重复性、阈值及稳定性等。

1. 精度

精度是仪表的最大允许误差，如式（2-1）所示。

$$\delta_{允} = \frac{\Delta\max}{测量量程上限 - 测量量程下限} \times 100\% \tag{2-1}$$

式中，Δmax 为用标准表和该仪表对同一变量测量时所得到的两个读数之差，这个差值在测量范围内各点是不同的，最大的差值即 Δmax。

精度等级是把仪表的最大允许误差 $\delta_{允}$ 去掉"±"和"%"后的数值。如图 2-1 所示，数值越小，表示仪表的精度越高；反之，数值越大，仪表的精度越低。

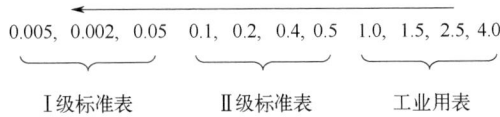

| 0.005, 0.002, 0.05 | 0.1, 0.2, 0.4, 0.5 | 1.0, 1.5, 2.5, 4.0 |

| Ⅰ级标准表 | Ⅱ级标准表 | 工业用表 |

图 2-1 工业自动化仪表精度等级的划分

2. 线性度

线性度（非线性误差）是表征线性刻度仪表输出量与输入量的实际标准曲线与理论直线的吻合程度，如图 2-2 所示。

通常，用实际测得的输入-输出特性曲线和被测变量之间的最大偏差与仪表量程之比的百分数表示，如式（2-2）所示。

$$\delta_{F} = \pm \frac{\Delta f_{max}}{仪表量程} \times 100\% \qquad (2-2)$$

式中，Δf_{max} 为仪表示值与被测变量之间的最大偏差。

3. 回差

在外界条件不变的情况下，用同一仪表对被测量在仪表全部测量范围内进行正反行程测量时，被测量值正、反行程所得到的两条特性曲线之间的最大偏差为 ΔX_{max}，如图 2-3 所示。

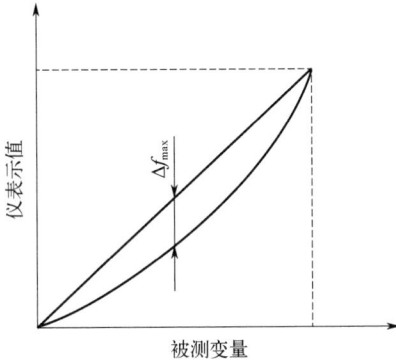

图 2-2 非线性误差特性示意图

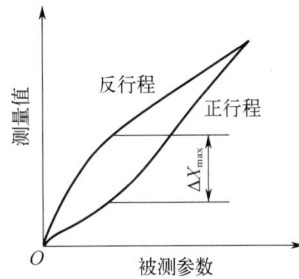

图 2-3 仪表的回差特性示意图

通常，回差（又称变差）以 ΔX_{max} 与仪表量程之比的百分数来表示，如式（2-3）所示

$$\delta_{X} = \pm \frac{\Delta X_{max}}{仪表量程} \times 100\% \qquad (2-3)$$

4. 灵敏度与灵敏限

灵敏度是用来表示仪表对被测参数变化的反应灵敏程度，指仪表达到稳态后输出变化量与对应输入变化量之比，如式（2-4）所示

$$S = \frac{\Delta Y}{\Delta X} \qquad (2\text{-}4)$$

式中，S 为仪表灵敏度；ΔX 为输入变化量；ΔY 为输出变化量。

灵敏限指能引起仪表指针发生位移时所需被测参数的最小变化量，一般规定，仪表的灵敏限数值应不大于仪表允许测量误差绝对值的 1/2 [式（2-5）]。

$$灵敏限 \leqslant \frac{1}{2}|\Delta \max| = \frac{1}{2}（精度等级\%）\times 量程 \qquad (2\text{-}5)$$

5. 分辨力和分辨率

数字式仪表中，往往用分辨力来表示灵敏度的大小。数字式仪表的分辨力是指仪表在最小量程上最后一位数字所表示的物理量。当灵敏度用它与量程的相对值表示时，便是分辨率。

6. 重复性

重复性是衡量测量仪表在同一条件下，输入量按同一方向作全量程连续多次变化时，所得特性曲线间一致程度的指标。各条曲线越靠近，重复性越好。

7. 阈值

阈值通常指测量设备能够检测到的最小输入信号值，即零位附近的分辨力。

8. 稳定性

仪表的稳定性是指测量仪表在一定时间间隔内保持其测量特性不变的能力。稳定性是测量仪表重要的性能指标之一，它直接关系到测量结果的可靠性和重复性。

9. 漂移

漂移是指在一定时间间隔内，测量仪表输出与输入量无关的变化，包括零点漂移和灵敏度漂移，一般时间和周围环境温度可以引起漂移。

二、动态特性——反应时间

测量仪表的动态特性是指仪表对输入信号变化的响应特性。当测量条件或被测物体的状态发生变化时，仪表能否快速、准确地跟踪这种变化，这就是它的动态特性。动态特性对于评估仪表在变化环境中的表现至关重要，在工业过程控制、科学研究和技术应用中，经常需要对快速变化的过程进行监测和控制。

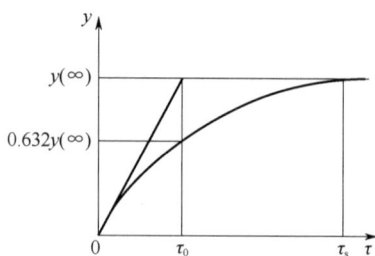

图 2-4 仪表的输入信号响应曲线

反应时间也叫响应时间，是一个综合指标，它反映了仪表对输入变化的敏感度和反应速度。对于要求快速响应的测量系统（如压力、温度、流量等动态变化较快的场合），反应时间越短的仪表越能及时准确地反映输入信号的变化。如图 2-4 所示，在一阶系统的响应过程中，输出信号达到目标稳态值 $y(\infty)$ 的约 63.2%时所需要的时间，即为时间常数 τ_0。仪表在检测到输入信号的变化后，输出信号达到稳定状态所需的时间即为响应时间 τ_s。

第二节 压力测量

一、压力测量仪器的分类

压力测量仪器是用于检测和量化压力水平的设备,它们在化工实验、生产过程控制以及设备安全监测等领域具有广泛的应用。这些仪器能够测量气体或液体的压力,并将其转换为易于读取的输出,如数字显示或模拟表盘读数。

1. 液柱式压力计

液柱式压力计是一种基于流体静力学原理进行压力测量的设备。它通常由一个充满液体的玻璃管结构组成,液体可以是水、酒精或水银等,取决于测量压力的范围和精度要求。如图 2-5、图 2-6 所示,常用的液柱式压力计有 U 形管压差计、倒 U 形管压差计。

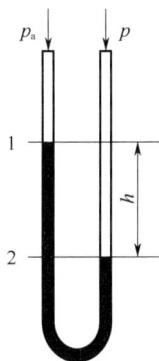

图 2-5　U 形管压差计　　　　图 2-6　倒 U 形管压差计

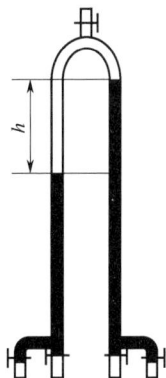

液柱式压力计在使用时应当注意如下问题。

① 使用前:在使用前需检查 U 形管和连接管有无裂缝或损伤,以防止漏液。为确保管内流体的连续性需排尽气泡,否则会影响液柱的准确性。可通过轻轻敲击或增加流量的方式排出气泡。在测量前,应确保两端液面齐平,校准零点。如果需要,调整设备直至液面平衡。

② 使用过程:使用过程中不要超过压差计的最大测量范围,否则可能损坏设备或影响测量结果。确保压差计垂直放置,以避免因倾斜导致的测量误差。读取液柱高度时,视线应与液柱的凹液面最低点平行,以避免视差误差。压差计应放置在温度相对恒定的环境中,避免因温度变化引起的液体体积变化。在连接或断开压力源时,应缓慢操作,避免液体急速流动造成测量误差。如果使用的是有毒或腐蚀性液体(如汞),应采取适当的安全措施,避免对人员和环境造成伤害。

③ 使用后:使用后应清洁压差计,特别是 U 形管内部,以去除可能影响后续测量的残留物。存放压差计时,应放置在干燥、清洁、阴凉的地方,避免阳光直射和温度变化。

2. 弹性式压力计

弹性式压力计是一种基于弹性元件的形变来测量压力的仪器。当压力作用于弹性元件时，元件会发生形变（如弯曲、拉伸或压缩），形变的程度与施加的压力成正比，最终通过测量元件的形变确定压力的大小。弹性元件的结构如图 2-7 所示。

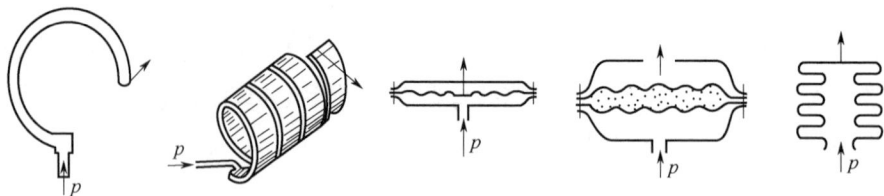

图 2-7　弹性元件结构示意图

测量压力时，被测压力介质通过管接头进入弹簧管的内腔内，从而使弹簧管的自由端产生位移，接下来弹簧管带动连杆移动，自由端的位移放大后，由指针在刻度盘上指示出相应的压力值。其实物图和内部结构如图 2-8 所示。

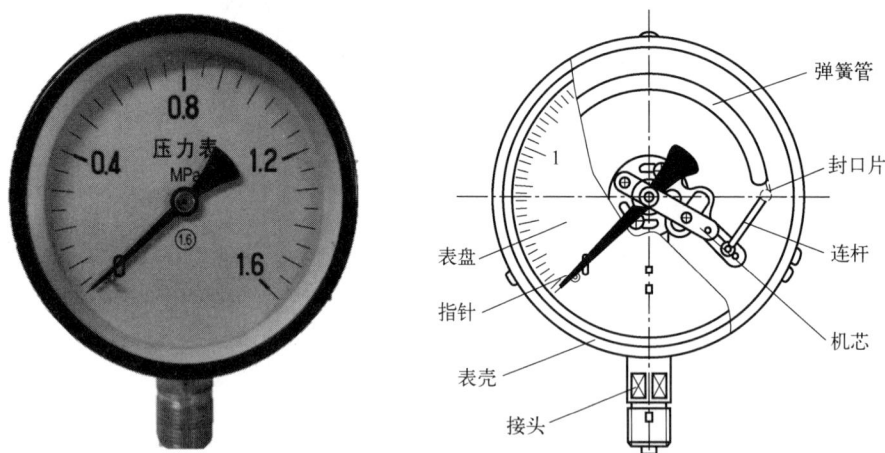

图 2-8　弹性式压力计实物图及内部结构

3. 电气式压差传感器

压差传感器，也称为压力传感器，是测量两个不同点之间压差的仪器。在化工和其他工业领域中，压差传感器具有广泛的应用，压差传感器通过测量两个输入端（通常称为高压侧和低压侧）之间的压差，产生一个与该压差成比例的电信号。这个信号可以是电压、电流或数字信号，传送到控制系统或显示设备中，帮助操作人员或自动化系统做出检测或控制。其主要类别有电容式、应变片式及压电式传感器。

（1）电容式压差传感器

① 分类：单电容式和差动电容式。

② 特点：被测压力范围通常在 0.1Pa～10MPa 之间，典型精度范围是±0.1%～±0.25%量程。此类传感器的响应速度快，在 100ms 左右。

③ 工作原理：如图 2-9 所示，电容式压差传感器通常由两个平行金属极板和中间的弹性膜片组成，膜片两侧分别暴露在高压和低压环境中。极板和膜片共同形成一个电容器。当传感器两侧存在压差时，弹性膜片会向低压一侧发生位移，这导致电容器极板之间的距离发生变化。电容的大小与极板间距成反比，当膜片位移时，极板间距变小或变大，电容值随之改变。传感器内的电路检测电容的变化，并将其转换为电压或电流信号，经过信号放大和处理后输出，表示为测得的压差。

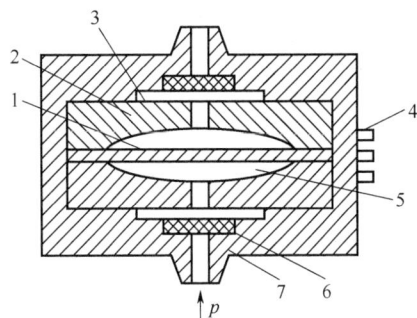

图 2-9 电容式压差传感器工作原理示意图

1—弹性膜片；2—凹玻璃圆片；3—金属涂层；
4—输出端子；5—空腔；6—过滤网；7—壳体

（2）应变片式压差传感器

① 分类：有金属应变片式和半导体应变片式。

② 特点：被测压力可达 500MPa；固有频率在 25000 Hz 以上，有较好的动态性能，适合测快速变化的压力；非线性及滞后误差小于额定压力的 1%。

③ 工作原理：如图 2-10 所示，当压力 p 作用于膜片而使应变筒作轴向受压变形时，沿轴向贴放的应变片 r_1 也将产生轴向压缩应变，于是 r_1 的阻值变小；沿轴向贴放的应变片 r_2 由于本身受到横向压缩将引起纵向拉伸应变，于是 r_2 阻值变大。使得 r_1 和 r_2 与固定阻值的 r_3 和 r_4 组成的桥式电路失去平衡，从而获得不平衡电压作为传感器的输出信号。

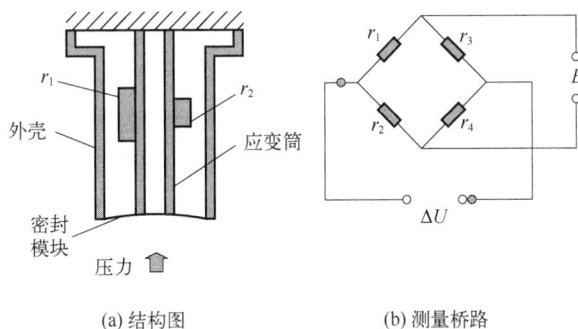

(a) 结构图　　　　　　　(b) 测量桥路

图 2-10 应变片式压差传感器工作原理

（3）压电式压差传感器

① 分类：压电电荷式和压电电阻式。

② 特点：测量范围较广，可从 5Pa 至 700MPa；能够快速响应，适合测量动态压力变化；典型精度范围是 ±0.1%～±0.5%量程。

③ 工作原理：压电式压差传感器的工作原理基于压电效应，利用压电材料在受到由压差引起的机械应力时产生的电荷信号来测量压差。传感器通常设计有两个腔室，分别接触不同的压力源，当压差作用于压电材料时，材料内部产生与压差成正比的电荷。这些电荷通过传感器的信号调理电路放大并转换为标准的电压或电流信号，从而实现对压差的精确测量。

二、压力表的选用与安装

1. 压力表的选用

实验过程中，压力表的选用不仅关乎测量的准确性和可靠性，也直接影响到生产过程的安全性和效率。

（1）仪表类型的选用

在选择压力表类型时，需要综合考虑显示方式、被测介质的物理化学性质以及现场环境条件等多个因素。

显示方式的要求：压力表的显示方式主要有指针式和数字式。指针式压力表适合常规的工艺现场，可直观地显示压力变化，而数字式压力表则适用于需要精确读数和数字化记录的场合，如自动化控制系统中。选择时应根据现场操作习惯和监控需求来决定显示方式。

被测介质的物理化学性质：被测介质的性质对压力表类型的选择有着决定性影响。例如，针对腐蚀性介质，需选择采用耐腐蚀材料（如不锈钢、哈氏合金）制作的压力表；对于黏稠或易结晶的介质，宜选用隔膜压力表以避免介质对传感元件的直接影响。

现场环境条件：现场环境的温度、湿度、振动和粉尘等条件也会影响压力表的选型。若环境温度较高或有较强的振动，应选择耐高温或抗振动的压力表。对于易爆环境，应选用具有防爆结构的压力表以确保安全。

（2）仪表量程的选用

压力表量程需根据工艺生产过程中操作压力的变化范围来进行选择，主要遵循以下原则。

操作压力范围：压力表的量程应覆盖工艺操作压力的上下限，并适当留有裕度，通常选定量程为工艺操作压力最大值的 1.5～2 倍。这不仅能确保压力表在正常工作压力下有足够的测量精度，也能避免因超负荷而导致的仪表损坏。

量程的合理性：选择量程时，应避免量程过大或过小。量程过大可能导致指示精度下降，量程过小则可能在实际测量中超过表盘刻度，影响测量安全性。因此，需结合实际工艺的压力变化范围，选择最为适宜的量程以获得精确可靠的测量结果。

（3）仪表精度等级选择

精度等级的选择直接影响到压力表测量的准确性，而精度等级的确定则是基于已选定仪表的量程和工艺生产允许的最大测量误差来进行的。对于化工过程中的关键压力控制点，如反应釜压力、输送管道压力等，通常要求较高的测量精度，建议选择精度等级为 1.0 级或更高级别的压力表。此外，精度等级的选择需考虑工艺生产中允许的最大测量误差。例如，若工艺要求压力测量的最大误差不超过 0.5MPa，且已选定的压力表量程为 10MPa，则应选择精度等级为 $0.5/10 = 5\%$ 的压力表，即选择精度等级为 4.0 级或更高的仪表。精度等级越高，仪表的成本相对也越高。因此，在选择精度等级时，需平衡测量精度与成本之间的关系，确保既满足工艺需求，又不过度增加成本。

2. 压力表的安装

压力表的安装需注意选择合适的测量点和正确的安装方法，以确保测量结果的准确性和设备的安全运行。

（1）测量点的选择

如图 2-11 所示，测量点通常选在被测介质在直管中直线流动的稳定段部分。测压点应与流动方向垂直，测压管端面与生产设备连接处的内壁保持相平，不应有凸出物和毛刺等。如图 2-12 所示，测量液体压力时，取压点应在管道下部，使导压管内不积存空气；测量气体压力时，取压点应在管道上方，使导压管内不积存液体。

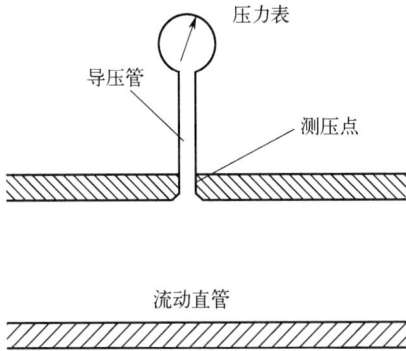

图 2-11　压力测量系统安装示意图　　　　图 2-12　流体管道的取压口

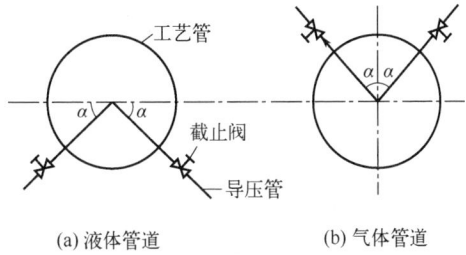

（2）导压管的选择安装

导压管的选择和安装是确保测量准确性和系统可靠性的重要环节。导压管的内径应适当，不宜过大或过小。一般选择 6～12mm 的管径，以确保介质在管内的流动顺畅，不产生滞留或过大的压降；被测介质易冷凝或冷冻时，必须加保温伴热装置，包裹保温材料等；测压口和压力表之间应加截断阀门，在需要时可以隔离测量系统，进行局部维修或更换元件，而不会影响整个系统的操作；导压管安装时要有一定斜度（防气泡或固体杂质），要保证导压管内流体的连续性，若被测介质为液体，在导压管内有气体存在，则会造成测量误差。

（3）压力表的安装

压力表应当安装在易于维修和观察的地方；应力求避免振动和高温等的不利影响；安装高度应与取压点相同或相近，否则会产生测量误差；测量蒸汽压时，应加装盘形管（也称为冷凝圈或缓冲器），以防高温蒸汽与被测元件直接接触；对于腐蚀性介质，要在压力表和测量介质之间加隔离罐，内装有隔离液，这种液体不会被腐蚀，可以作为压力传递介质；在压力表和导压管的连接处应加装密封衬片，防止泄漏。

（4）放空阀、切断阀、平衡阀的使用

在压力表的安装中，放空阀、切断阀和平衡阀的使用非常重要，它们各自承担不同的功能，确保压力测量系统的安全性、可靠性和可维护性。

放空阀通常用于压力表与导压管之间的连接处，主要功能是排出导压管内的气体或液体。在测量初期或维护时，通过放空阀可以排出导压管内的杂质或空气，确保压力传递的准确性。

切断阀用于在需要时隔离压力表与工艺介质，通常在压力表前端安装。切断阀可以在压力表维护、更换或校准时关闭，以避免介质泄漏或损坏压力表。平时工作时，切断阀应保持开启状态。

平衡阀主要用于对压力表进行零点校准或平衡调节。通过调节平衡阀，可以确保差压变送器的两侧压力平衡，从而准确测量差压。

在实际操作中，这三种阀门的协同使用可以提高压力测量系统的可靠性和安全性。例如，在启动系统前，打开放空阀排出导压管中的气体，确保压力表测量准确；在对压力表进行维护或更换时，首先关闭切断阀隔离压力表，再打开放空阀释放残余压力；对于差压系统，通过调整平衡阀进行校准和调试，确保测量精度。

第三节　流量测量

流量测量仪表可以根据测量的性质分为体积流量测量仪表和质量流量测量仪表两大类。体积测量仪表主要有速度式和容积式两类，质量流量测量仪表则分为直接式和间接式两类，具体见图 2-13，下面介绍几种常用的流量测量仪表。

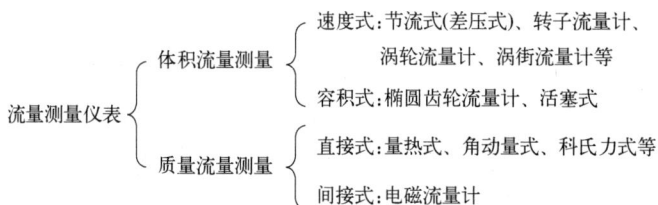

$$流量测量仪表 \begin{cases} 体积流量测量 \begin{cases} 速度式:节流式(差压式)、转子流量计、 \\ \qquad 涡轮流量计、涡街流量计等 \\ 容积式:椭圆齿轮流量计、活塞式 \end{cases} \\ 质量流量测量 \begin{cases} 直接式:量热式、角动量式、科氏力式等 \\ 间接式:电磁流量计 \end{cases} \end{cases}$$

图 2-13　流量测量仪表的分类

一、节流式（差压式）流量计

1. 原理

节流式流量计利用流体流经节流装置产生的压差而实现流量测量，常用于液体、气体和蒸汽的测量。节流式流量计主要有孔板流量计、文丘里流量计、喷嘴流量计等。

2. 组成

由节流装置和差压计及显示仪表组成。节流装置包括节流元件和取压装置，常见的节流元件有孔板、喷嘴、文丘里管等。

3. 常用节流式流量计的比较

常用节流式流量计的比较见表 2-1。

4. 流量基本方程

节流式流量计的流量计算方程为：

表 2-1　几种常用的节流式流量计的比较

流量计名称	优点	缺点
孔板流量计	造价低	能量损失较大
喷嘴流量计	测量精度高，耐腐蚀，耐磨损，能适用于脏污的流体	能量损失和造价介于孔板流量计和文丘里流量计之间
文丘里流量计	能量损失小	制造成本高
¼圆喷嘴流量计	适用于流速低、精度高的场合	制造技术较高

$$Q = \alpha \varepsilon F_0 \sqrt{\frac{2\Delta p}{\rho}} \qquad (2\text{-}6)$$

式中，α 为流量系数；ε 为校正系数；F_0 为节流孔面积，m^2；ρ 为流体密度，kg/m^3；Δp 为节流装置前后压差，Pa。

其中，α 与节流装置形式、截面积比（节流孔面积与管道面积之比）、Re、取压方式（角接取压法、法兰取压法，见图 2-14）等相关。

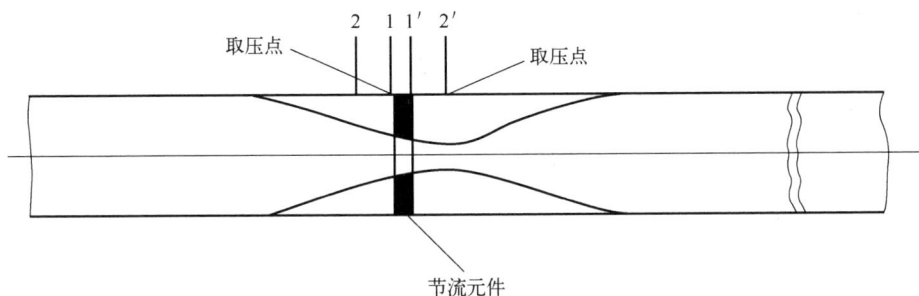

图 2-14　角接取压法和法兰取压法

1-1′—角接取压法；2-2′—法兰取压法

流量系数 α 与 Re 的关系见图 2-15。

当 Re 大于临界雷诺数时，α 为常数，流量 Q 与压差 Δp 的平方根成正比，一般来说，此类流量计的工作范围最好选在 α 为常数的范围内。

5. 节流式流量计使用和安装

在节流式流量计的使用和安装过程中，为确保测量精度和仪表的正常运行，需要从以下几方面加以注意。

（1）流体

流体必须是清洁的单相流体，即没有杂质、颗粒、气泡或液滴的均相流。流体中任何形式的杂质或非均相成分都会影响压差的形成，从而导致测量误差，且流体应为牛顿流体，且在测量过程中无相变发生。非牛顿流体（如泥浆、悬浮液）由于其复杂的流动特性，不适用于差压式流量计的测量。流体的流量应稳定且无脉动。差压式流量计对脉动流量不适用，流量脉动会引起测量误差甚至仪表损坏。

（2）管路

流体在节流装置前后必须完全充满管道的整个截面，确保流体在测量区域内呈现稳定的

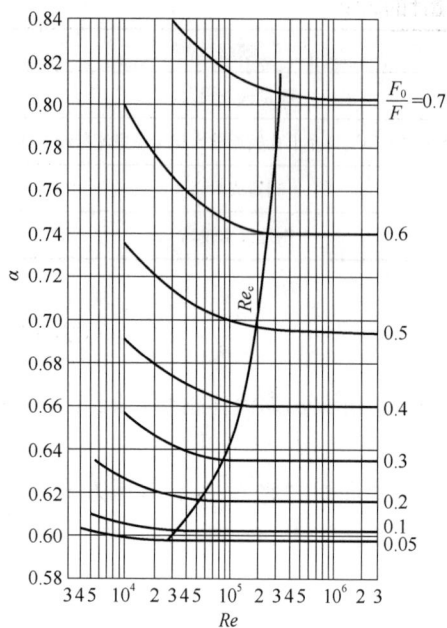

图 2-15　孔板流量计 α 与 Re 的关系图

流动状态。在节流装置的前后必须有足够长的直管段，以确保流体流动的充分发展和稳定，减少流动紊乱对测量的影响。一般要求前置直管段长度为 30～50 倍管径，后置直管段长度为 10 倍管径。如果流体流动状态不稳定或管道存在弯曲、阀门等干扰，前置直管段长度可能需要更长。

（3）导压管

导压管的安装要求应与压力测量仪表中导压管的规范相同。

（4）节流元件

如图 2-16 所示，节流元件可以垂直或水平安装，但需注意流体的流向。安装时，必须保证流体流经节流元件的方向与节流元件的设计流向一致，通常会有流向标识。

6. 节流式流量计的流量校正

在使用节流式流量计进行流量测量时，实际测量条件可能与标定条件存在差异，为了确保测量结果的准确性，需要对测得的流量数值进行校正。标定条件通常如下。

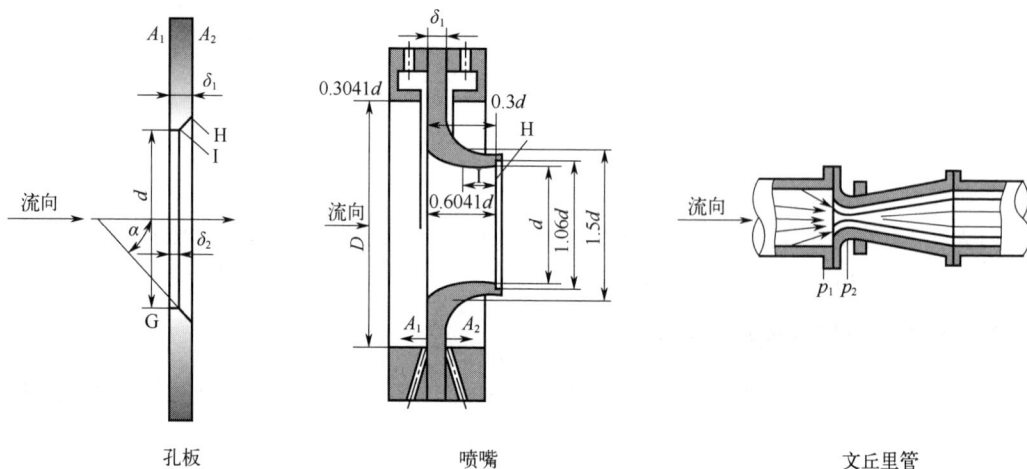

孔板　　　　　　　喷嘴　　　　　　　文丘里管

图 2-16　节流式流量计

液体流量计：水，760mmHg（1.0133×10^5Pa），20℃，$\rho = 998.2$kg/m³
气体流量计：空气，760mmHg（1.0133×10^5Pa），20℃，$\rho = 1.205$kg/m³
若被测流体的工作流体与实际计算时有所不同，要按式（2-7）对所测数值进行校正。

$$\frac{Q_{实}}{Q_{标}} = \sqrt{\frac{\rho_{标}}{\rho_{实}}} \Longrightarrow Q_{实} = Q_{标}\sqrt{\frac{\rho_{标}}{\rho_{实}}} \tag{2-7}$$

式中，$\rho_{标}$ 为标定流体密度，kg/m³；$\rho_{实}$ 为实际流体密度，kg/m³。

二、转子流量计

1. 工作原理

与差压式流量计不同，转子流量计是通过保持压差不变，利用转子在锥形管内位置变化所导致的节流面积变化来测量流量大小。转子流量计工作原理如图 2-17 所示。

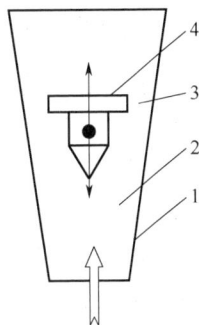

图 2-17　转子流量计工作
原理示意图

1—锥管；2—气流管路；3—转子
与锥管间的环隙；4—转子

2. 基本方程及应用

仿照节流式流量计写出转子流量计的流量计算式：

$$Q = \alpha F_0 \sqrt{\frac{2(p_1 - p_2)}{\rho}} \qquad (2\text{-}8)$$

对转子进行受力分析：

$$(p_1 - p_2)A_f = V_f \rho_f g - V_f \rho g \qquad (2\text{-}9)$$

将式（2-9）代入式（2-8），则：

$$Q = \alpha F_0 \sqrt{\frac{2g V_f (\rho_f - \rho)}{\rho A_f}} \qquad (2\text{-}10)$$

式中，α 为流量系数；A_f 为转子在垂直方向的投影面积，m²；F_0 为转子最大截面积处环形通道的截面积，m²；p_1，p_2 分别为转子下方和上方的压力，Pa；ρ，ρ_f 分别为流体和转子的密度，kg/m³；V_f 为转子体积，m³。

当被测介质的密度和工作状态与工业基准状态不同时，需对流量指示值进行修正。标定条件如下

液体流量计：水，760mmHg（1.0133×10⁵Pa），20℃，ρ=998.2kg/m³

气体流量计：空气，760mmHg（1.0133×10⁵Pa），20℃，ρ=1.205kg/m³

液体流量测量时的修正：

$$\frac{Q_{液实}}{Q_{液标}} = \sqrt{\frac{(\rho_f - \rho_{液实})\rho_{液标}}{(\rho_f - \rho_{液标})\rho_{液实}}} \qquad (2\text{-}11)$$

气体流量测量时的修正：

$$\frac{Q_{气实}}{Q_{气标}} = \sqrt{\frac{(\rho_f - \rho_{气实})\rho_{气标}}{(\rho_f - \rho_{气标})\rho_{气实}}} \approx \sqrt{\frac{\rho_{气标}}{\rho_{气实}}} \qquad (2\text{-}12)$$

3. 特点

① 转子流量计设计结构简单，通常由透明锥形管和转子组成，易于安装和维护，不需要外部电源。

② 通过观察转子的位置即可直观地读取流量值，使用方便，读数清晰。

③ 可用于测量各种液体和气体的流量，适合低流量、高精度的场合，特别是低黏度流体的测量。

4. 转子流量计使用和安装时应注意的问题

① 安装必须垂直；

② 转子对粘污比较敏感，应尽量避免转子粘有污垢，从而引起测量误差；

③ 调节流量不宜采用速开阀门（如电磁阀等），从而使得转子突然冲到顶部，引起流量计的损坏；

④ 搬动时应将转子卡住，特别是大口径的转子流量计，避免其将锥形玻璃管撞破；

⑤ 被测流体温度若高于70℃，应安装保护罩，以防玻璃管因溅有冷水而骤冷破裂。

三、涡轮流量计

1. 工作原理

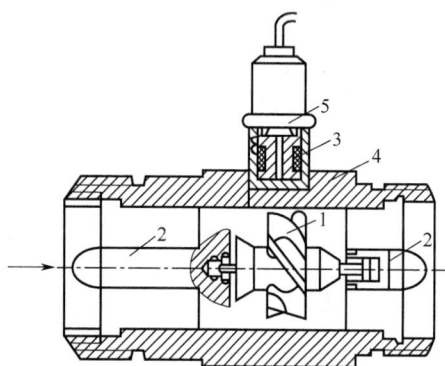

图 2-18　涡轮流量计示意图

1—涡轮；2—导流器；3—磁电感应转换器；
4—外壳；5—前置放大器

当流体通过涡轮流量计时，流体的动能推动涡轮叶片旋转，涡轮的转速与流体的流速成正比，因此可通过涡轮的转速反映流体的流量，如图 2-18 所示。涡轮叶片通常由高导磁材料制成，在旋转过程中，涡轮叶片周期性地扫过外部固定的磁钢，使磁路的磁阻发生周期性变化。磁阻的变化于流量计外壳上的感应线圈中产生感应电势，形成交变的电信号，信号频率与涡轮的转速成正比，也就是与流体的流量成正比。

该交变信号（通常为脉冲信号）通过导线传输到电子计数器或电子频率计进行处理和显示。通过累积脉冲数可以得到流体的累积流量，通过测量信号频率可以实时指示瞬时流量。

涡轮流量计因其精度高、重复性好、响应快等优点，广泛应用于石油、化工、冶金等工业领域的流量测量。

2. 涡轮流量计的特性

涡轮流量计的特性曲线有两种表示方法：仪表常数 ξ 与体积流量 Q 曲线及脉冲信号的频率 f 与体积流量 Q 曲线，如图 2-19 所示。

流量相关的表达式分别如式（2-13）和式（2-14）所示。

$$\xi = \frac{f}{Q} \qquad (2\text{-}13)$$

$$Q = \frac{f}{\xi} \qquad (2\text{-}14)$$

式中，f 为脉冲信号频率，s/次；Q 为流体的体积流量，L/s。

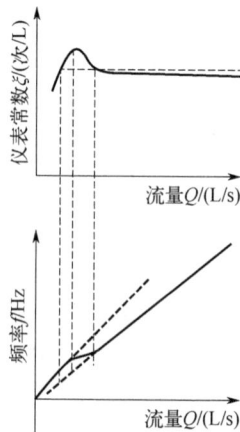

图 2-19　涡轮流量计的特性曲线示意图

由图 2-19 可以看出：

① 流量很小的流体通过流量计时，涡轮并不转动，只有当流量大于某一最小值，能克服起动摩擦力矩时，涡轮才开始转动。

② 当流量较小时，仪表特性不良，当流量大于某一数值后，频率 f 与流量 Q 才近似为线性关系。

3. 涡轮流量计使用和安装时应注意的问题

① 涡轮流量计的一般工作点最好在仪表测量范围上限数值的 50% 以上。

② 涡轮流量计出厂时是在水平安装情况下标定的，所以应用时必须水平安装，否则会引起变送器的仪表常数发生变化。

③ 为了叶轮能够正常工作，流体必须洁净，切勿使污物、铁屑、棉纱等进入变送器，因此需在变送器前加装滤网。

④ 被测流体的流动方向须与变送器所标箭头方向一致。

⑤ 应了解介质密度和黏度及其变化情况，考虑是否有必要对流量计的特性进行修正。

第四节　温度测量

温度测量仪表可以根据测量方式分为接触式和非接触式两大类。接触式温度测量仪表需要与被测物体直接接触以感知其温度，非接触式温度测量仪表通过感应物体发出的辐射能量来测量温度。常见的温度测量仪表分类如下。本节主要介绍热电偶温度计与热电阻温度计这种应用广泛的温度测量仪表。

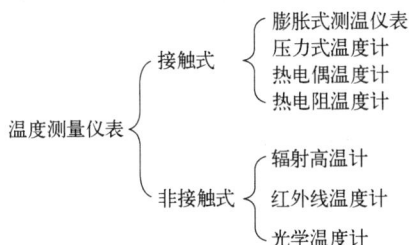

温度测量仪表
- 接触式
  - 膨胀式测温仪表
  - 压力式温度计
  - 热电偶温度计
  - 热电阻温度计
- 非接触式
  - 辐射高温计
  - 红外线温度计
  - 光学温度计

一、热电偶温度计

热电偶温度计是一种基于热电效应的温度测量仪表，它利用两种不同导体或半导体在温度梯度下产生的热电势来测量温度。

1. 热电偶的结构

如图 2-20 所示，热电偶由热电极、保护套、绝缘材料和接线盒组成。组成热电偶的两种不同材料的导线即为热电极，这些材料通常是金属或合金，如镍铬、铂铑、铜、铁等。保护套通常由不锈钢、陶瓷、耐火材料等制成，用于保护热电极免受环境（如高温、腐蚀、机械损伤等）影响。在热电极和保护管之间，通常填充有绝缘材料，如氧化镁、玻璃纤维等。绝缘材料的主要作用是防止热电极之间短路，确保电动势准确传导。接线盒用于连接热电偶引出线和测量仪器，通常采用标准化的接头，如插头、插座等。

2. 热电偶的测温原理

如图 2-21 所示，热电偶由两种不同金属材料构成，这两种金属的导电性不同，当它们的两个接触点处于不同温度时，会在回路中产生一个与温度差相关的热电动势（热电势），分为热端和冷端。

热端（测量端）：两种不同金属材料的接触点，放置在需要测量温度的位置。

冷端（参考端）：两种金属的另一端，放置在已知的参考温度下，通常为 0℃，或者通过冷端补偿的方法测定其温度。

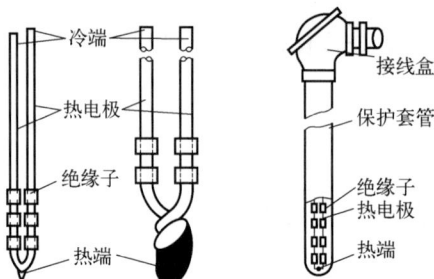

图 2-20 普通热电偶   图 2-21 热电偶回路

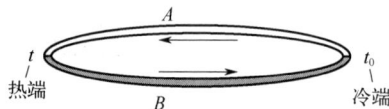

电动势的大小与两个接触点之间的温度差成正比。其表达式为：

$$E = \alpha(t - t_0) \tag{2-15}$$

式中，E 为热电偶产生的热电动势，μV；α 为塞贝克（Seebeck）系数，不同金属的 Seebeck 系数不同，$\mu V/℃$；t 为热端温度，即测量点的温度，℃；t_0 为冷端温度，即参考点的温度，℃。

3. 热电偶冷端温度的处理方法

为了确保测量的准确性，热电偶的冷端温度需要保持恒定。只有在冷端温度不变的情况下，热电偶产生的热电势才是被测温度的单值函数。如果冷端温度发生变化，将导致测量结果出现误差，因此对冷端温度的处理至关重要。

（1）补偿导线的使用

补偿导线是一种专门用于热电偶冷端延伸的导线，其主要功能是将热电偶的冷端延伸至温度恒定的区域，从而有效减少环境温度波动对测量精度的影响，保证热电偶输出的热电势与被测温度之间的关系为单值函数。补偿导线的材料通常与热电偶的电极材料具有相似的热电性能，确保延长后仍能准确传导热电势。

（2）冷端温度的补偿方法

在使用补偿导线后，热电偶的冷端从温度较高且不稳定的地方延伸至温度较低且相对稳定的操作室内。尽管如此，冷端温度仍然可能不是 0℃，因此需要采用以下几种方法对冷端温度进行补偿，以确保测量的准确性。

① 冰点法：将热电偶的冷端浸入冰水混合物中，使冷端温度保持在 0℃。由于冰水混合物在大气压下的温度恒定为 0℃，因此这一方法可以有效消除冷端温度对热电偶输出电动势的影响。其优点是操作简单、补偿效果好，缺点为实际操作中难以长期维持冰点温度，不适用于动态或工业环境。

② 计算修正法：通过测量冷端实际温度，将冷端温度的影响通过计算修正到标准温度（通常为 0℃）。这种方法通常使用公式或查表来进行校正，计算出补偿后的温度值。其优点是无需物理设备，灵活性高。缺点为计算过程较为复杂，且精度依赖于冷端温度的测量和修正公式的准确性。

③ 仪表零点校正法：在测量仪器中内置一个冷端温度补偿电路，通过自动检测冷端温度，仪器将测量值修正至与 0℃ 参考温度对应的值，从而自动补偿冷端温度的变化。其特点为自动化程度高，操作简便。

④ 补偿电桥法：使用一个电桥电路，通过设置电阻值，补偿冷端温度的影响。电桥的一臂由热电偶形成，另一臂则是补偿电阻。通过调整电阻，可以使电桥达到平衡，消除冷端温度对测量的影响。

⑤ 补偿热电偶法：在测量系统中使用一个额外的热电偶作为补偿元件，该热电偶的冷端温度与待测热电偶的冷端温度相同。补偿热电偶的输出电动势与主热电偶的电动势相抵，从而补偿冷端温度的变化。

二、热电阻温度计

热电偶温度计具有测量范围广、响应速度快、结构简单、耐高温等优点，然而，热电偶在使用过程中，冷端温度及环境温度的变化可能引起相对较大的测量误差，而这种误差在中、低温区尤为显著且难以完全补偿。因此，在中、低温区的温度测量中，热电偶的应用受到一定限制。对于低、中温区（−200℃～+500℃）的温度测量，一般使用热电阻温度计。

1. 热电阻的结构

热电阻利用金属或半导体材料的电阻随温度变化的特性来测量温度。其主要由以下几个部分组成。

① 电阻元件：热电阻的核心部分，通常由铂、镍或铜等金属材料制成，有时也使用半导体材料。其中，铂电阻因其稳定性和精度高而使用较为广泛。

② 保护套管：电阻元件通常被封装在一个保护套管内，以保护其不受机械损伤和环境影响，套管的材料多为陶瓷、玻璃或不锈钢等。

③ 引线：热电阻通过引线与测量电路相连，引线可以是绝缘导线，负责传输电阻变化产生的电信号。常见的有两线制、三线制和四线制连接。

④ 接线盒或接线端子：在保护套管的一端，装有接线盒或接线端子，用于连接外部电路。

2. 热电阻测温原理

热电阻测温的基本原理是利用金属导体的电阻值随温度而变化的特性来进行温度测量。在热电阻中，常用的金属材料如铂、铜、镍等，其电阻值会随着温度的升高或降低而呈现出一定的规律性变化。通过测量这些金属导体的电阻值，可以间接地测量温度。对于大多数金属导体而言，电阻值 R 与温度 t 之间的关系可以用式（2-16）表示：

$$R(t) = R_0[1 + \alpha(t - t_0)] \tag{2-16}$$

式中，$R(t)$ 为温度为 t 时的电阻值，Ω；R_0 为参考温度（通常为 0℃）下的电阻值，Ω；α 为温度系数，表示单位温度变化引起的电阻变化量，不同金属材料数值不同；t 为温度测量值，℃。

3. 工业常用热电阻

工业常用热电阻应具备以下性能：首先，材料应具有较小的热容量，以确保热电阻能够迅速响应温度变化。其次，材料的电阻温度系数和电阻率应尽可能大，以提高测量的灵敏度和准确性。此外，材料必须具备稳定的物理和化学性质，具有良好的复制性，以保证长期使用中的可靠性和一致性。最后，材料的电阻值与温度之间的关系应尽可能呈线性，以简化测量过程并提高测温的精度。工业常用的热电阻性能如表 2-2 所示。

表 2-2　工业常用热电阻性能

热电阻名称	分度号	0℃时阻值	测温范围	特点
铂电阻	Pt10	10Ω	−200～500℃	精度高，价格贵，适用于中性和氧化性介质。
	Pt100	100Ω		
铜电阻	Cu50	50Ω	−50～150℃	线性好，价格低，适用于无腐蚀性介质。
镍电阻	Ni100	100Ω	−60～180℃	温度系数相对较大，灵敏度较高。

三、测温元件的安装

测温元件的安装需要遵循以下原则。

① 应保证测温元件与被测流体充分接触，以提高测量的响应速度和精确度；测温元件应尽可能迎着被测介质的流动方向安装，通常应与流动方向至少成 90°角，如图 2-22 所示，以确保流体能够有效地传递其热量给测温元件。

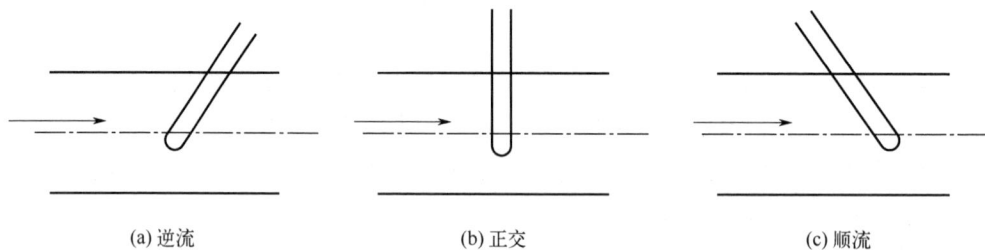

| (a) 逆流 | (b) 正交 | (c) 顺流 |

图 2-22　测温元件安装示意图

② 感温点应尽量处于管道内流速最大的区域（通常位于管道的中心位置），以确保测量的温度能够代表整个流体的真实温度。同时，为了减小测量误差，测温元件应具有足够的插入深度，通常插入深度至少达到管道直径的 1/3～1/2，以避免由于表面效应或边界层效应导致的温度偏差。此外，若工艺管道过小，安装测温元件处应接装扩大管。

③ 测温元件应安装在流体流动较为均匀且稳定的区域，避免在流体死角或涡流区域安装，防止测量误差的产生。安装时还应避免测温元件与管道或容器壁直接接触，以减少导热引起的误差。对于高温、高压或腐蚀性介质，还应选择合适的保护套管，以延长测温元件的使用寿命并确保安全性。

④ 为防止热量散失，确保温度测量的准确性，测温元件应插在有保温层的管道或设备处；测温元件安装在负压管道中时，必须保证密封性，防止外界冷空气进入，使读数降低。可采用适当的密封措施，包括使用密封垫圈、密封胶或焊接等方法，确保安装的牢固和气密性，防止泄漏。

第三章

实验数据误差分析及数据处理方法

第一节　实验数据的误差分析

实验误差产生的原因多种多样。首先，测量仪器的精度有限、校准不准或老化等因素会导致系统误差。其次，外界环境的变化，如温度、湿度、压力的波动以及实验过程中不可控的随机因素，都会引起随机误差。此外，操作人员的疏忽或实验方法设计不当也可能导致误差。正确认识实验误差，首先要接受误差的不可避免性，并理解它对实验结果的影响。通过深入分析误差来源，并采取措施如校准仪器、改进实验设计、增加重复测量来尽量减小误差，从而提高数据的可靠性，增强实验结论的科学性。这种对误差的正确认识和处理能力是科学实验中至关重要的素养。

一、误差的定义

误差是指在测量过程中，测量值（包括直接和间接测量）与真值（客观存在的准确值）之间的差异，如式（3-1）所示。

$$误差=测量值-真值 \tag{3-1}$$

二、误差的分类

误差通常分为以下三类。

1. 系统误差

系统误差是由测量系统本身的缺陷或实验方法的不完善引起的，表现为测量结果与真实值之间的持续偏差。系统误差具有固定的方向和大小，通常不易通过简单的重复测量来消除。常见来源包括仪器误差、方法误差、环境误差等。

2. 随机误差

随机误差是由无法控制的偶然因素引起的，使得测量结果在多次测量中出现随机波动。随机误差的大小和方向在每次测量中都是不确定的，可以通过增加测量次数并取平均值来减小影响。随机误差通常源于外界干扰、操作不一致性等。

3. 粗大误差

粗大误差是由明显的实验错误或操作失误引起的，通常导致测量结果与真实值之间出现较大的偏差。粗大误差可以通过仔细检查实验步骤和结果来识别并剔除，例如记录错误、仪器故障、误操作等。

系统误差影响测量的准确性和一致性；随机误差影响测量的精密性；粗大误差则会使测量结果严重失真。在测量中，应尽量减少系统误差，通过校准仪器和优化测量方法来提高测量的准确性。同时，要控制随机误差，通过多次测量并取平均值来提高结果的精密性。此外，必须认真筛查和剔除粗大误差，以确保测量结果的可靠性。综上所述，合理管理和减小这些误差是提高测量结果质量的关键。通过这些措施，可以有效提升数据的可信度和科学性，为后续分析和决策提供更坚实的基础。

三、误差的表示方法

1. 绝对误差 D

测量值 x 和真值 A 之间的差值。表示为

$$D = x - A \tag{3-2}$$

由于真值 A 一般无法求得，工程上常用平均值（$\bar{x}$）代替，则表示为

$$D = x - \bar{x} \tag{3-3}$$

2. 相对误差 δ

绝对误差与真实值的比值，通常用百分比表示，表示为

$$\delta = \frac{D}{A} \times 100\% \tag{3-4}$$

与绝对误差类似，相对误差中的真值 A 也是不可能求得的，实际上常用平均值 $\bar{x}$ 替代真值。表示为

$$\delta = \frac{D}{\bar{x}} \times 100\% \tag{3-5}$$

3. 算术平均误差 $\bar{\delta}$

算术平均误差是各个测量点误差的平均值，表示为

$$\bar{\delta} = \frac{\sum |x_i - \bar{x}|}{n} \quad i = 1, 2, \cdots, n \tag{3-6}$$

式中，n 为测量次数。

4. 标准误差 σ

标准误差也叫均方根误差，表示为

$$\sigma = \sqrt{\dfrac{\displaystyle\sum_{i=1}^{n}(x_i - \overline{x})^2}{n}} \qquad (3\text{-}7)$$

算术平均误差直观地反映了误差的平均大小；标准误差在考虑误差大小的同时，还考虑了误差的分布情况，更能反映数据的离散程度和测量的精度。

四、精密度、正确度和精确度

在测量和统计中，精密度、正确度和精确度是三个重要的概念，它们用于描述测量结果的质量和可靠性。

1. 精密度

精密度指的是多次测量结果的一致性或重复性。精密度表明随机误差的大小，精密度高意味着在相同条件下进行的多次测量结果非常接近，也就是随机误差小。

2. 正确度

正确度指的是测量结果与真实值之间的接近程度。高正确度意味着测量结果非常接近真实值。正确度表明系统误差的大小，正确度高表示系统误差小。

3. 精确度

精确度用来描述一个测量系统的综合性能，包括其精密度和正确度。

在一组测量中，精密度高的正确度不一定高，正确度高的精密度也不一定高，但精确度高，精密度和正确度都高，可用图 3-1 表示。图 3-1（a）中表示精密度和正确度均不好，则精确度低；图 3-1（b）能看出，正确度高而精密度低，即系统误差小而随机误差大；图 3-1（c）所有的点均在靶心周围，表示正确度和精密度都高，即精确度高。

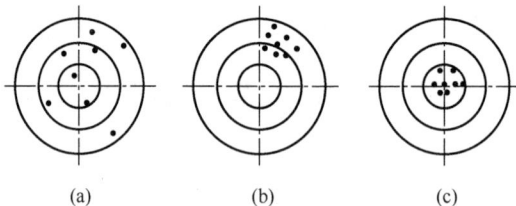

图 3-1　精密度和正确度的关系

值得指出：在有些文献中使用精确度一词表示系统误差与随机误差的综合影响，也可能单指系统误差或随机误差，也有一些书籍采用精度来代替精确度。

五、误差分析

误差分析在科学实验和工程测量中至关重要，它能够评估测量结果的正确性和精确度，识别并减小系统误差，理解随机误差的影响，从而确保实验结果的可靠性和可重复性。此外，误差分析为实验设计和优化提供了指导，帮助明确结果的误差范围和不确定性，使实验报告更加透明可信，进而支持科学研究和工程决策。因此，误差分析是确保测量结果可靠性、改进实验设计以及做出科学决策的关键环节。

1. 误差的正态分布

在许多测量和实验过程中，由于随机误差的累积，测量结果的偏差往往会遵循正态分布。正态分布，也称为高斯分布，是一种对称的、钟形的概率分布，通常由两个参数决定：随机误差 x（表示测量值减平均值）和标准误差 σ（表示测量结果的分散程度）。误差出现的概率分布图如图 3-2 所示。图中横坐标表示偶然误差，纵坐标表示各个误差出现的概率，图中曲线称为误差分布曲线，以 $y = f(x)$ 表示。其数学表达式由高斯提出，具体形式为：

$$y = \frac{1}{\sqrt{2\pi}\sigma} e^{-\frac{x^2}{2\sigma^2}}$$ (3-8)

若误差按函数关系分布，则称为正态分布。σ 越小，测量精度越高，分布曲线的峰越高且越窄；σ 越大，分布曲线越平坦且越宽，如图 3-3 所示。由此可知，σ 越小，误差小的数据占的比重越大，测量精度越高。反之，则误差大的占的比重越大，测量精度越低。

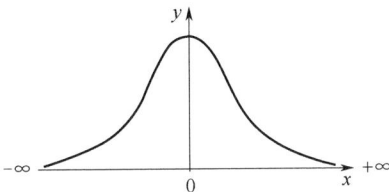

图 3-2　误差概率正态分布图　　　　图 3-3　不同 σ 的误差分布曲线

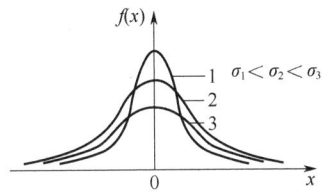

2. 误差分析的意义

① 测量结果的分析：正态分布模型可以用来估计随机误差的大小及其对测量结果的影响。例如，通过分析测量数据的均值和标准误差，可以判断测量系统的稳定性和精度。

② 数据的置信区间：利用正态分布，可以为测量结果设定置信区间。例如，通过计算（均值±2σ）可以定义一个 95%置信区间，这意味着有 95%的概率测量结果会落在这个区间内。

③ 实验设计与质量控制：正态分布在实验设计和质量控制中用于评估和控制随机误差。例如，通过分析测量数据的分布，可以识别并消除异常值，从而提高测量的准确性。

第二节　实验数据的有效数字

有效数字是科学实验和数据处理中用于表示测量值准确程度的重要概念。在实验数据中，理解和正确使用有效数字对于报告结果的准确性和可靠性至关重要。

一、有效数字

有效数字包括从第一个非零数字开始到最后一位数字为止的所有数字，也就是说，其中除了起定位作用的"0"外，其他数都是有效数字。如 0.046m 只有两位有效数字，而 46.00mm 则有四位有效数字。一般要求测试数据有效数字为 4 位。要注意有效数字不一定都是可靠数字。如长度测量中，假如标尺的最小分度为 1mm，读数为 235.3mm，这里的最后一位为估读，此时有效数字为四位，可靠数字只有三位，最后一位是估读数字不可靠，称为可疑数字。通常实验过程记录数据时保留一位可疑数字。

为了明确读出有效数字位数，常用指数的形式表示，即写成一个小数与 10 的 n 次幂的乘积。这种以 10 的整数幂来记数的方法称为科学记数法。

如　　83000　　　有效数字为 4 位时，记为 8.300×10^4

　　　　　　　　　有效数字为 3 位时，记为 8.30×10^4

　　　　　　　　　有效数字为 2 位时，记为 8.3×10^4

　　　0.0058　　　有效数字为 4 位时，记为 5.800×10^{-3}

　　　　　　　　　有效数字为 3 位时，记为 5.80×10^{-3}

　　　　　　　　　有效数字为 2 位时，记为 5.8×10^{-3}

二、有效数字的运算规则

当有效数字位数确定后，其余数字通常舍弃。舍弃办法是四舍五入，若末位有效数字后面第一位小于 5，则舍弃不计；大于 5 则在前一位数上增加 1；等于 5 时，前一位为奇数，则进 1 为偶数，前一位为偶数，则舍弃不计。这种舍入原则可简述为："小则舍，大则入，正好等于奇变偶"。

如保留 4 位有效数字　　$4.59736 \approx 4.597$

　　　　　　　　　　　$6.84782 \approx 6.848$

　　　　　　　　　　　$3.78356 \approx 3.784$

　　　　　　　　　　　$8.48658 \approx 8.486$

在加减计算中，结果应保留与参与运算的数中小数位数最少的那个数相同的小数位数。例如 12.345+3.1=15.445，应保留到小数点后 1 位，所以结果为 15.4。

在乘除运算中，结果应保留与参与运算的数中有效数字最少的那个数相同的有效数字。例如 4.56×1.4=6.384，应保留到两位有效数字，所以结果为 6.4。

在对数计算中，结果应保留与输入数的有效数字位数相同的小数位数。例如 lg2.5≈0.39794，式中 2.5 有两位有效数字，所以对数结果应保留两位小数，结果为 lg2.5=0.40。

第三节　实验数据处理方法

化工原理实验测得的若干数据需要经过处理后才能体现出实验的最终结果。数据处理方法主要涉及对实验数据的记录、整理、计算和分析，目的是从实验中获取准确的实验结论和理论验证。以下是化工原理实验中常用的数据处理方法，包括列表法、作图法和方程表示法。

一、列表法

列表法就是将实验过程中得到的数据以表格形式进行整理和呈现，使数据更加清晰、直观。列表法可以简单明确地表示出物理量之间的对应关系，适用于数据量较大或多组数据进行对比分析的情况，可以清晰地展示各组数据之间的关系。化工原理实验的原始数据记录及各项数据处理结果可采用列表法展现。

设计记录表格时要做到：

① 表格内容明确。表格的每一列都应有明确的表头，表头应简洁明了，说明记录的具体内容，如时间、温度、压力、浓度等变量并注明单位。

② 数据单位标准。在表格中记录数据时，应确保同一变量使用统一的单位，这样可以避免数据混淆，便于后续的计算和分析。

③ 注意表格内数据的有效数字和精确度。表中数据要正确反映测量结果的有效数字和精确度，即数字写法应注意有效数字的位数。

④ 表格结构简洁明了。表格的结构应符合实验流程，例如原始数据记录表的排列顺序应与实验步骤一致，便于数据的输入和后续分析。

⑤ 体现实验变量的相关性。如果某些变量之间存在关联性（如流速和雷诺数、进出口温度和平均温度差），应将这些变量放在相邻的列中，以便于分析。

⑥ 预留备注栏。在表格中预留备注栏，用于记录异常情况、实验过程中遇到的问题或其他需要特别说明的情况。

⑦ 兼容性。如果表格需要电子化处理，应确保其格式适用于常见的电子表格软件，如Excel、Origin等。

二、作图法

列表法表示实验数据具有简单明了的特点，但为了更直观地体现某些实验参数间的关系，经常采用作图法。实验数据的作图处理法通过图形化方式直观展示实验数据，便于识别数据趋势、验证理论模型、分析变量关系，是一种常用的数据处理方法。

作图法的基本规则是：

① 选择合适的图表坐标系。根据数据的性质选择合适的坐标系。如果实验数据中的两个变量的数量级变化范围都很大，一般选用双对数坐标系来绘制。如果其中一个变量的数量级

变化很大，而另一变量变化不大，一般使用单对数坐标系来绘制。例如，直管内流体摩擦阻力系数 λ 与雷诺数 Re 的关系，在实验中的变化范围为 $Re=10^2\sim10^8$，$\lambda=0.008\sim0.10$，两个变量的数量级变化均较大，所以采用双对数坐标系绘图。

② 明确坐标轴设置。每个坐标轴应有清晰的标签，标明所代表的变量和单位，确保数据的可解释性。根据数据范围选择合适的刻度，使得数据分布合理，便于观察数据趋势。必要时使用对数刻度以处理跨越大范围的数据。

③ 正确绘制数据点。确保每个数据点在图表中的位置与原始数据相对应，避免由误操作导致的数据错误。在必要时使用不同的符号或颜色来标记不同组的数据点，以便区分。

④ 连线与曲线拟合。在折线图中，数据点之间应按顺序连接，以展示数据的变化趋势。在散点图中，适时进行曲线拟合，以展示数据之间的关系。例如，线性拟合、非线性拟合或多项式拟合。

⑤ 标明图名图号。做好实验图线后，应在图纸下方或空白的明显位置处，写上图的名称和编号，有时还要附上简单的说明，如实验条件等，使读者一目了然。

三、方程表示法

在化工数据处理过程中，将实验结果以方程的形式表示出来是一种常见的做法。这种方法有助于简化复杂的实验数据，便于进一步分析、预测和应用。这种根据实验数据整理或回归出来的方程称为经验公式或半经验公式。

首先，建立数学模型，将实验数据拟合成适当的方程，如线性方程、指数方程或对数方程等，并确定方程中的参数值，以便方程能够准确反映数据的趋势和规律。接下来，使用拟合方程可以对实验数据范围内的未知点进行预测或插值，甚至在一定条件下进行外推，外推时要谨慎，以避免超出方程的适用范围。此外，方程的表达形式能够简化化工过程中的计算，减少工作量，提高计算效率，并且便于工程设计中根据不同的工况条件调整设计参数。为确保方程的准确性和可靠性，通常需要对其进行统计检验和模型验证，如果有偏差，可能需要修正或采用更复杂的模型。

使用方程表示实验结果可以提高数据的可重复性和可比较性，有助于在科研和工程实践中进行交流和合作，但在应用时必须明确方程的适用条件和范围，以避免错误地使用。

例如流体在圆直管中作强制湍流时的对流传热系数的计算式，依据各因素对对流传热系数的影响经量纲分析方法得到关系式为：

$$Nu=ARe^mPr^n \tag{3-9}$$

式（3-9）中的 A，m，n 是特定的常数，它们与传热的介质和传热方向有关，需要经实验确定。实验表明，对于低黏度的流体，其关系式为：

$$Nu=0.023Re^{0.8}Pr^n \tag{3-10}$$

当流体被加热时，$n=0.4$；当流体被冷却时，$n=0.3$，这是教材中的经验公式，学生在做传热实验后，可将所测定的结果拟合为方程，并与教材中的经验公式做比较，验证实验数据的准确性，同时理解经验公式的适用性和局限性。

第四章

化工原理基础实验

实验一 流动阻力测定

一、实验目的

1. 学习直管摩擦阻力 Δp_f 与直管摩擦系数 λ 的测定方法。

2. 研究直管摩擦系数 λ 与雷诺数 Re 和相对粗糙度 ε/d 之间的关系及其变化规律，并将 λ 与 Re 的关系在双对数坐标系中表示。

3. 学习局部摩擦阻力 Δp_f 与突缩管的局部阻力系数 ζ 的测定方法。

4. 学习局部摩擦阻力 Δp_f 与阀门的局部阻力系数 ζ 的测定方法。

5. 了解压差传感器、涡轮流量计的原理及应用方法。

二、实验内容

1. 测定实验管路内流体流动的阻力 Δp_f 和直管摩擦系数 λ。

2. 测定实验管路内流体流动的直管摩擦系数 λ 与雷诺数 Re 和相对粗糙度 ε/d 之间的关系曲线。

3. 测定管路局部摩擦阻力 Δp_f 与突缩管的局部阻力系数 ζ。

4. 测定管路局部摩擦阻力 Δp_f 和阀门局部阻力系数 ζ。

三、实验原理

1. 直管摩擦系数 λ 与雷诺数 Re 的测定

依据《化工原理》上册流体流动相关内容可知，流体在两截面间流动的机械能衡算式为：

$$gz_1 + \frac{p_1}{\rho} + \frac{u_1^2}{2} + w_e = gz_2 + \frac{p_2}{\rho} + \frac{u_2^2}{2} + \Sigma h_{f,1-2} \qquad (4-1)$$

可知流体在一定长度等直径，无外功加入的水平圆管内流动时，则 $z_1 = z_2$，$u_1 = u_2$ 且 $w_e = 0$，$\Sigma h_{f,1-2}$，仅为由直管阻力引起的能量损失，表达式为：

$$h_f = \frac{p_1 - p_2}{\rho} = \frac{\Delta p_f}{\rho} \qquad (4-2)$$

且 Δp_f 在数值上等于两截面间的压差（$p_1 - p_2$）。又因为摩擦阻力系数与阻力损失之间有如下关系（范宁公式）

$$h_f = \frac{\Delta p_f}{\rho} = \lambda \frac{l}{d} \times \frac{u^2}{2} \qquad (4-3)$$

其中，直管摩擦系数 λ 是雷诺数和相对粗糙度的函数，即 $\lambda = f(Re, \varepsilon/d)$。管路系统一旦确定则相对粗糙度一定，摩擦系数仅为雷诺数的函数，即 $\lambda = f(Re)$。整理式（4-2）、式（4-3）两式得

$$\lambda = \frac{2d}{\rho l} \times \frac{\Delta p_f}{u^2} \qquad (4-4)$$

雷诺数表达式为：

$$Re = \frac{du\rho}{\mu} \qquad (4-5)$$

式中，d 为管径，m；Δp_f 为直管阻力引起的压降，Pa；l 为管长，m；u 为流速，m/s；ρ 为流体的密度，kg/m³；μ 为流体的黏度，Pa·s。

在本实验中，直管管长 l 和管径 d 都已固定。若水温一定，则水的密度 ρ 和黏度 μ 可从手册查得。所以本实验实际上是测定直管两截面间压差（$p_1 - p_2$）与流速 u 之间的关系。

根据实验数据和式（4-4）可计算出不同流速下的直管摩擦系数 λ，用式（4-5）计算对应的 Re，从而整理出直管摩擦系数和雷诺数的关系，在对数坐标系绘出 λ 与 Re 的关系曲线。

2. 局部阻力系数 ζ 的测定

流体流经阀门、突缩时，由于速度的大小和方向发生变化，流动受到阻碍和干扰，出现涡流而引起的局部阻力损失为：

$$\Delta p_f' = \zeta \frac{\rho u^2}{2} \qquad (4-6)$$

$$\zeta = \frac{2}{\rho} \times \frac{\Delta p_f'}{u^2} \qquad (4-7)$$

式中，ζ 为局部阻力系数，无量纲；$\Delta p_f'$ 为局部阻力引起的压降，Pa。

如图 4-1 所示，对于测定管路中管件的局部阻力，其方法是在管件前、后的稳定段内分

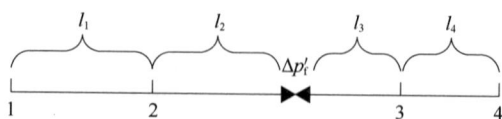

图 4-1 局部阻力测量的取压口分布

别设两个测压点。按流向顺序分别为 1、2、3、4 点，1-2 点距离和 2 点至管件距离相等，3-4 点距离和 3 点至管件距离相等，即 $l_1=l_2$，$l_3=l_4$，在 1-4 点和 2-3 点分别连接两个压差传感器，分别测出压差为 Δp_{14} 和 Δp_{23}。

2-3 点总能耗为直管段阻力损失 Δp_{f23} 和阀门局部阻力损失 $\Delta p_f'$ 之和，即

$$\Delta p_{23} = \Delta p_{f23} + \Delta p_f' \tag{4-8}$$

1-4 点总能耗为直管段阻力损失 Δp_{f14} 和阀门局部阻力损失 $\Delta p_f'$ 之和，又因 1-2 点距离和 2 点至管件距离相等，3-4 点距离和 3 点至管件距离相等，因此

$$\Delta p_{14} = \Delta p_{f14} + \Delta p_f' = 2\Delta p_{f23} + \Delta p_f' \tag{4-9}$$

联立式（4-8）和式（4-9）解得：

$$\Delta p_f' = 2\Delta p_{23} - \Delta p_{14} \tag{4-10}$$

则局部阻力系数为：

$$\zeta = \frac{2(2\Delta p_{23} - \Delta p_{14})}{\rho u^2} \tag{4-11}$$

四、实验装置的基本情况

1. 传统设备[1]

（1）实验流程示意图

流动阻力测定实验传统设备示意图如图 4-2 所示。

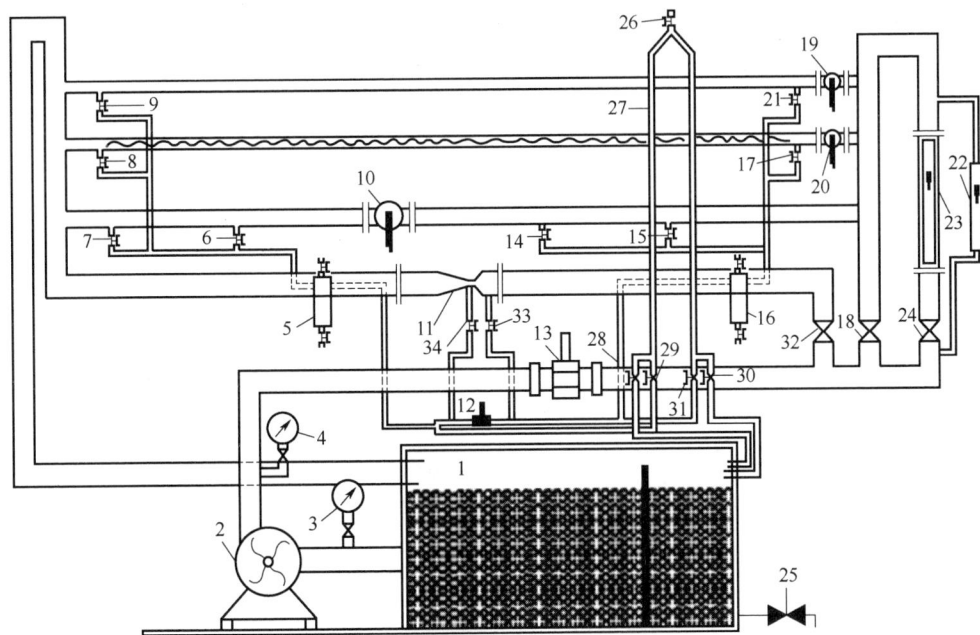

图 4-2　流动阻力测定实验传统设备示意图

1—水箱；2—水泵；3—入口真空表；4—出口压力表；5，16—缓冲罐；6，14—测局部阻力近端阀；7，15—测局部阻力远端阀；
8，17—粗糙管测压阀；9，21—光滑管测压阀；10—局部阻力阀；11—文丘里流量计（孔板流量计）；12—压差传感器；
13—涡轮流量计；18，24，32—阀门；19—光滑管阀；20—粗糙管阀；22—小转子流量计；23—大转子流量计；
25—水箱放水阀；26—倒 U 形管压差计放空阀；27—倒 U 形管压差计；28，30—倒 U 形管压差计排水阀；
29，31—倒 U 形管压差计进水阀；33，34—文丘里流量计测压阀

---

[1] 本书所提到的"传统设备"为天津大学基础实验中心生产，采用传统仪表控制。"升级设备"为莱帕克（北京）科技有限公司生产，采用全触摸集成化智能控制总成，内置 PLC 程序模块（可编辑逻辑控制），能够实现高稳定数据监控与分析。

（2）**实验装置流程简介**

① 流体阻力测量

实验前需确认水泵内充满水，水泵将水箱中的水抽出，送入实验系统，经转子流量计测量流量，然后送入被测直管段测量流体流动阻力，经回流管流回水箱。被测直管段流体流动阻力 Δp_f 可根据其数值大小分别采用压差传感器或空气-水倒 U 形管压差计来测量。

② 流量计测定

水泵将水箱内的水输送到实验系统，流体经涡轮流量计计量，用流量调节阀 32 调节流量，回到水箱，同时测量文丘里流量计两端的压差。

（3）**实验设备主要技术参数**

实验设备的主要技术参数如表 4-1 及表 4-2 所示。

表 4-1　实验装置中各仪表的技术参数

序号	名称	规格	材料
1	玻璃转子流量计	LZB-25　　100～1000L/h LZB-10　　10～100L/h	—
2	压差传感器	型号 LXWY，测量范围 0～200kPa	不锈钢
3	离心泵	型号 WB70/055	不锈钢
4	文丘里流量计	喉径 0.020 m	不锈钢
5	实验管路	管径 0.043 m	不锈钢
6	真空表	测量范围 0～0.1MPa，精度 1.5 级 真空表测压位置管内径 d_1=0.028 m	—
7	压力表	测量范围 0～0.25MPa，精度 1.5 级 压强表测压位置管内径 d_2=0.042m	—
8	涡轮流量计	型号 LWY-40，测量范围 0～20m³/h	—
9	变频器	型号 N2-401-H，规格 0～50Hz	—

表 4-2　四套设备光滑管及粗糙管的详细尺寸

第一套	光滑管：管径 d=0.008m，管长 L=1.682m 粗糙管：管径 d=0.010m，管长 L=1.690m 真空表与压强表测压口之间的垂直距离 h_0=0.38m
第二套	光滑管：管径 d=0.008m，管长 L=1.685m 粗糙管：管径 d=0.010m，管长 L=1.690m 真空表与压强表测压口之间的垂直距离 h_0=0.388m
第三套	光滑管：管径 d=0.008m，管长 L=1.687m 粗糙管：管径 d=0.010m，管长 L=1.685m 真空表与压强表测压口之间的垂直距离 h_0=0.38m
第四套	光滑管：管径 d=0.008m，管长 L=1.695m 粗糙管：管径 d=0.010m，管长 L=1.700m 真空表与压强表测压口之间的垂直距离 h_0=0.39m

2. 升级设备

（1）实验流程示意图

流动阻力测定实验升级设备流程图如图 4-3 所示。

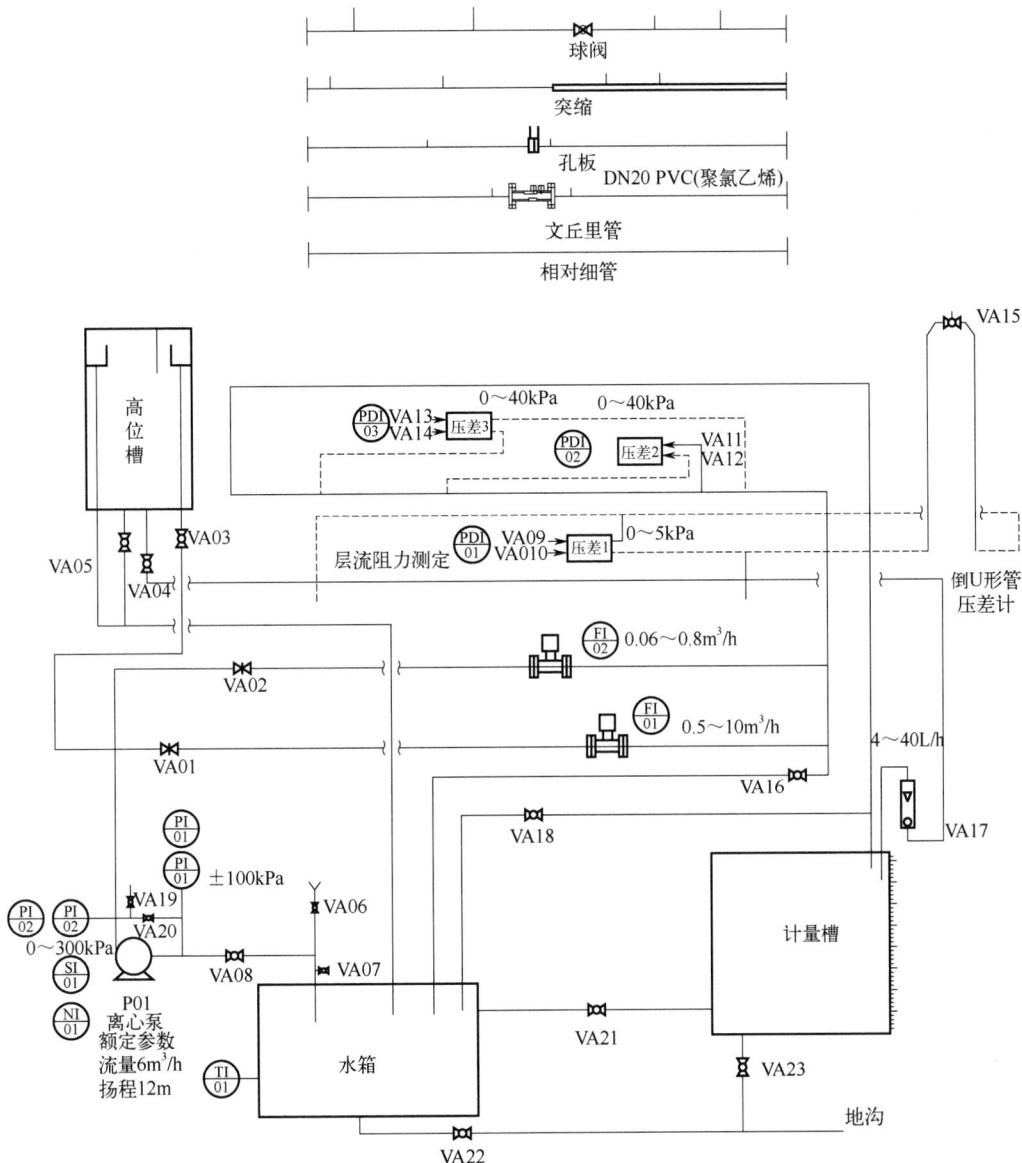

图 4-3　流动阻力测定实验升级设备流程图

VA01，VA02—流量调节阀；VA03—高位槽上水阀；VA04—层流管开关阀；VA05—高位槽放净阀；VA06—灌泵阀；VA07—泵入口排水阀；VA08—泵入口阀；VA09，VA10—压差 1 排气阀；VA11，VA12—压差 2 排气阀；VA13，VA14—压差 3 排气阀；VA15—倒 U 形管压差计排气阀；VA16—泵性能曲线实验管路阀门；VA17—层流管流量调节阀；VA18—主管路阀门；VA19，VA20—离心泵进出口压力测量管排气阀；VA21—计量槽排水阀；VA22—水箱放净阀；VA23—计量槽放净阀

温度：TI01—循环水温度

流量：FI01，FI02—管路流量测量

压差：PDI01—压差测量 1；PDI02—压差测量 2；PDI03—压差测量 3；PI01—泵入口压力；PI02—泵出口压力

（2）实验装置流程简介

水箱中的流体经过离心泵通过调节 VA02 调节管路流量，流经涡轮流量计及可更换管路进行各项实验，液体最终返回计量槽或水箱；层流实验通过控制 VA03、VA05 控制高位槽液位，使高位槽处于溢流状态，调节高位槽底部 VA04 阀门控制管路流量，液体最终返回计量

槽或水箱。

（3）实验设备主要技术参数

升级设备的主要技术参数如表4-3及表4-4所示。

表4-3　升级设备的主要技术参数

序号	名称	规格	材料
1	离心泵	功率0.55kW；流量6m³/h；扬程12m	不锈钢
2	水箱	710mm×490mm×380mm（长×宽×高）	PP（聚丙烯）
3	涡轮流量计	FI01：0.5~10m³/h，精度0.5 FI02：0.06~0.8m³/h	有机玻璃壳体
4	转子流量计	4~40L/h，水，宝塔接口	—
5	倒U形管压差计	±2000Pa	—
6	传感器	压差传感器1测量范围0~5kPa；压差传感器2测量范围0~40kPa；压差传感器3测量范围0~40kPa；压力传感器1测量范围0~300kPa；压力传感器2测量范围-100~100kPa；	—
7	温度传感器	Pt100航空接头	—

表4-4　各管段测量尺寸

细管	内径ϕ15mm，透明PVC，测点长1000mm
粗管	内径ϕ20mm，透明PVC，测点长1000mm
粗糙细管	内径ϕ15mm，透明PVC，测点长1000mm
粗糙粗管	内径ϕ20mm，透明PVC，测点长1000mm
阀门	内径ϕ15mm，PVC球阀
突缩	内径ϕ25mm转ϕ15mm，透明PVC，四个测点
层流管	内径ϕ4mm，测点长1000mm
文丘里流量计	d_1=20mm，A_0/A_1=0.5625，透明PVC
孔板流量计	d_1=20mm，A_0/A_1=0.599，透明PVC
泵特性	内径ϕ25mm，透明PVC

五、实验方法及步骤

（1）实验准备

向储水槽内注水至水满为止。（最好使用蒸馏水，以保持流体清洁且管路内少结垢。）

（2）光滑管阻力测定

1）传统设备

① 关闭粗糙管路阀门8、17、20，将光滑管路阀门9、19、21全开，使得流量为0，打开通向倒U形管压差计的进水阀29、31，检查导压管内是否有气泡存在。若倒U形管内液柱高度差不为零，则表明导压管内存在气泡。需要进行赶气泡操作。倒U形管及导压系统如图4-4所示，操作方法如下：加大流量，打开倒U形管压差计进水阀29、31，使倒U形管内液体充分流动，以赶出管路内的气泡；若观察气泡已赶净，将流量调节阀24关闭，倒U形

管进水阀 29、31 关闭，慢慢旋开倒 U 形管压差计上部的放空阀 26 后，分别缓慢打开阀门 28、30，使倒 U 形管两侧液柱降至中点上下时马上关闭，管内形成气-水柱，尽量使此时管内液柱高度差为 0。然后关闭放空阀 26，打开倒 U 形管压差计进水阀 29、31，此时倒 U 形管两液柱的高度差应为 0（1~2mm 的高度差可以忽略），如不为零则表明管路中仍有气泡存在，需要重复进行赶气泡操作。

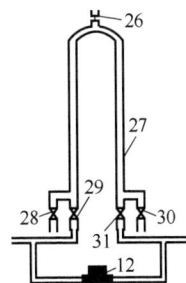

图 4-4　倒 U 形管压差计及
导压系统示意图

12—压差传感器；26—放空阀；
27—倒 U 形管压差计；28，30—排水阀；
29，31—进水阀

② 该装置两个转子流量计 22、23 并联连接，根据流量大小选择不同量程的流量计测量流量。

③ 压差传感器与倒 U 形管压差计均用于测量压差，且为并联连接。小流量时用倒 U 形管压差计测量压差，大流量时则用压差传感器测量。应在最大流量和最小流量之间进行实验操作，一般测取 15~20 组数据。

注：压差超出倒 U 形管压差计的量程范围时应当关闭进水阀 29、31，防止水流在用倒 U 形管形成回路影响实验数据。

2）升级设备

软件上单击与接入管路对应实验：

① 将相对细管装入管路，连接压差传感器 2（压差 2）。

② 排气：先打开 VA18，再全开 VA01，然后打开压差传感器上的排气阀 VA11、VA12，约 1min，观察引压管内无气泡，先关闭压差传感器上的排气阀 VA11、VA12，再关闭 VA01。

③ 启动离心泵，逐渐开启流量调节阀 VA01，根据涡轮流量计示数进行调节，同时注意压差不能超过 40 kPa。

推荐采集数据依次控制在 Q=0.8m³/h、1.2m³/h、1.8m³/h、2.7m³/h、4m³/h、5.5m³/h（若无法达到 5.5m³/h，在 VA01 全开时记录数据即可，直管阻力的测量可以做到最大流量，实验点分布可自由选择）。

注意：每次测量，注意查看压差传感器示数在流量为零时压差显示是否为零，若不为零，点清零键清零后再开始数据记录。

④ 此项实验做完后，关闭 VA01 和离心泵，更换待测管路，按上述步骤依次进行其他直管阻力的测量。

注：更换支路前请开启排液阀 VA16，放净管路内液体。

（3）粗糙管阻力测定

关闭光滑管阀，将粗糙管阀全开，从小流量到最大流量，测取流量及该流量下的压差，记录 15~20 组数据。

（4）阀门的局部阻力测定

1）传统设备：调节出口阀的流量取 2~3 个点，记录流量以及该流量下的压差，用于求取局部阻力系数 ζ。

2）升级设备：软件上单击与接入管路对应实验。

① 将球阀支路装入管路，中间测压点接压差传感器 2，两边测压点接压差传感器 3。

② 排气：先全开 VA01，然后打开压差传感器上的排气阀 VA11、VA12、VA13、VA14，约 1min，观察引压管内无气泡，先关闭压差传感器上的排气阀 VA11、VA12、VA13、VA14，再关闭 VA01。

③ 启动离心泵，逐渐开启流量调节阀 VA01，根据以下流量计示数进行调节。推荐采集数据依次控制在 Q=0.8m³/h、1.2m³/h、1.5m³/h、2.0m³/h、2.5m³/h、最大。

④ 此管做完后，关闭 VA01 和离心泵，更换球阀管为突缩管，按上述步骤依次进行局部阻力的测量。突缩管实验推荐采集数据依次控制在 Q=0.8m³/h、1.2m³/h、1.5m³/h、2.0m³/h、2.5m³/h、最大。

注：更换支路前请开启排液阀 VA16，放净管路内液体。

⑤ 待数据测量完毕，关闭流量调节阀，停泵。

六、实验注意事项

1. 实验初始和结束分别读取并记录水箱水温。

2. 启动离心泵之前及由光滑管阻力测量实验过渡到其他实验之前，均必须检查所有流量调节阀是否关闭。

3. 所测压差超出倒 U 形管压差计的量程范围时应当关闭进水阀 29、31，防止水流在倒 U 形管压差计形成回路影响实验数据。

4. 在实验过程中每当改变流量后，应等流量和直管压差的数据稳定以后方可记录数据。

5. 较长时间未做实验，启动离心泵之前应先盘轴转动，以免烧坏电机。

6. 该装置电路采用五线三相制配电，实验设备应良好接地。

7. 使用变频调速器时一定注意 FWD 指示灯亮，切忌按 $\boxed{\text{FWD REV}}$ 键，REV 指示灯亮时电机反转。

8. 启动离心泵前，必须关闭流量调节阀，关闭压力表和真空表的开关，以免损坏测量仪表。

9. 长期不用时，应将水箱及管道内水排净，并用湿软布擦拭水箱，防止水垢等杂物粘在水箱上面。

七、实验数据记录表及实验报告要求

1. 实验数据记录表

以直管流动阻力实验测定为例，摩擦系数与雷诺数测定实验数据记录表如表 4-5 所示。

表 4-5　摩擦系数与雷诺数测定实验数据记录表

		被测流体：水　温度：　　密度 ρ=　　黏度 μ=					
实验序号	流量 Ql /（L/h）	直管压差 Δp		p/Pa	流速 ul /（m/s）	Re	λ
		kPa	mmH₂O				
1							
2							
……							

2. 将实验数据和数据整理结果列在表格中，并以其中一组数据为例写出计算过程。

3. 在对数坐标系上标绘直管 λ-Re 关系曲线。

4. 计算局部阻力系数 ζ 的平均值。

八、思考题

1. 为什么实验数据测定前首先要赶净设备和导压系统中的空气？如何将气泡排净？

2. 为什么启动离心泵前检查泵内是否灌满水，假如没有灌泵，会出现什么现象？

3. 以水为工作介质所测得的 λ-Re 曲线能否应用于空气或其他液体，如何应用？

4. 倒 U 形管压差计使用过程中，假如所测压差超出量程范围，是否应当切断进水阀 29 和 31？假如没切断，会发生什么现象？

5. 如果需要增加实验中雷诺数 Re 的范围，可采取哪些措施？

实验二　流量计的标定

一、实验目的

1. 了解几种流量计（节流式流量计、转子流量计、涡轮流量计）结构、工作原理、主要特点及使用方法。

2. 掌握流量计的标定方法。

3. 学习几种流量计的流量标定曲线（流量-压差关系）的测定方法。

4. 学习孔板流量计和文丘里流量计的流量系数和雷诺数之间的关系（C_0-Re 关系）的测定方法。

二、实验内容

1. 测定孔板流量计、文丘里流量计的流量标定曲线（流量-压差关系）。

2. 测定孔板流量计、文丘里流量计的流量系数和雷诺数之间的关系（C_0-Re 关系）。

三、实验原理

1. 孔板流量计的标定

孔板流量计是恒截面、变压差式的流量计，利用动能和静压能相互转换的原理设计而成，它是以消耗大量机械能为代价的。孔板的开孔越小，通过孔口的平均流速 u_0 越大，孔前后的压差 Δp 也越大，阻力损失也随之增大。其具体结构如图 4-5 所示。

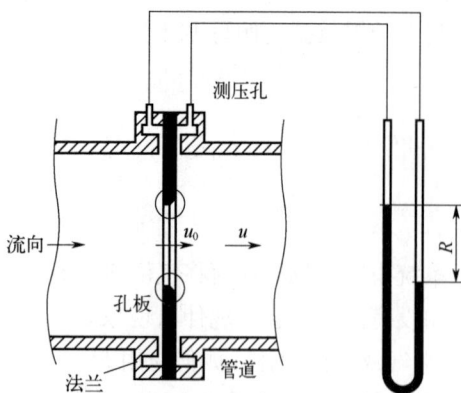

图 4-5　孔板流量计结构图

为了减小流体通过孔口后由于突然扩大而引起的大量旋涡能耗，在孔板后开一渐扩形圆角。因此孔板流量计的安装是有方向的。若是反方向安装，不光能耗增大，同时其流量系数也发生改变。

孔板流量计计算式为（具体推导过程见教材）：

$$V_s = C_0 A_0 \sqrt{\frac{2\Delta p}{\rho}} \qquad (4\text{-}12)$$

式中，V_s 为被测流体（水）的体积流量，m^3/s；C_0 为流量系数，无量纲；A_0 为流量计节流孔截面积，m^2；Δp 为流量计上、下游两取压口之间的压差，Pa；ρ 为被测流体（水）的密度，kg/m^3。

在实验中，只要测出对应的流量 V_s 和压差 Δp（Δp 可由压差传感器读取数值），即可计算出其对应的孔流系数 C_0。

用涡轮流量计作为标准流量计来测量流量 V_s，每一个流量在压差计上都有一对应的读数，将压差计读数 Δp 和流量 V_s 绘制成一条曲线，即流量标定曲线。同时利用上式整理数据可进一步得到 C_0-Re 关系曲线。

管内 Re 的计算：

$$Re = \frac{du\rho}{\mu} \qquad (4\text{-}13)$$

2. 文丘里流量计的标定

孔板流量计的能耗是由孔板的突然缩小和突然扩大引起的，特别是后者。因此，若设法将测量管段制成如图 4-6 所示的渐缩和渐扩管，则避免了流通面积的突然缩小和突然扩大，起到降低能耗的作用。这种流量测量元件称为文丘里流量计，也叫文氏管。

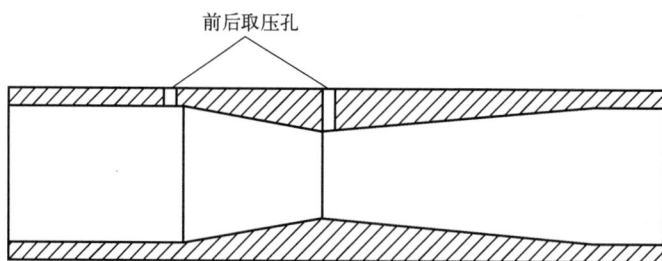

图 4-6　文丘里流量计结构图

文丘里流量计的工作原理和公式推导过程与孔板流量计相同，但以 C_v 代替 C_0。由于在同一流量下，文丘里流量计压降小于孔板，因此 C_v 一般大于 C_0。

$$V_s = C_v A_0 \sqrt{\frac{2\Delta p}{\rho}} \qquad (4\text{-}14)$$

式中，C_v 为文丘里流量计的流量系数，无量纲。在实验中，只要测出对应的流量 V_s 和压

差 Δp，即可计算出其对应的系数 C_v。

四、实验装置的基本情况

1. 传统设备

（1）实验流程示意图

传统设备的文丘里流量计标定实验采用图 4-7 的加粗部分管路进行测定。

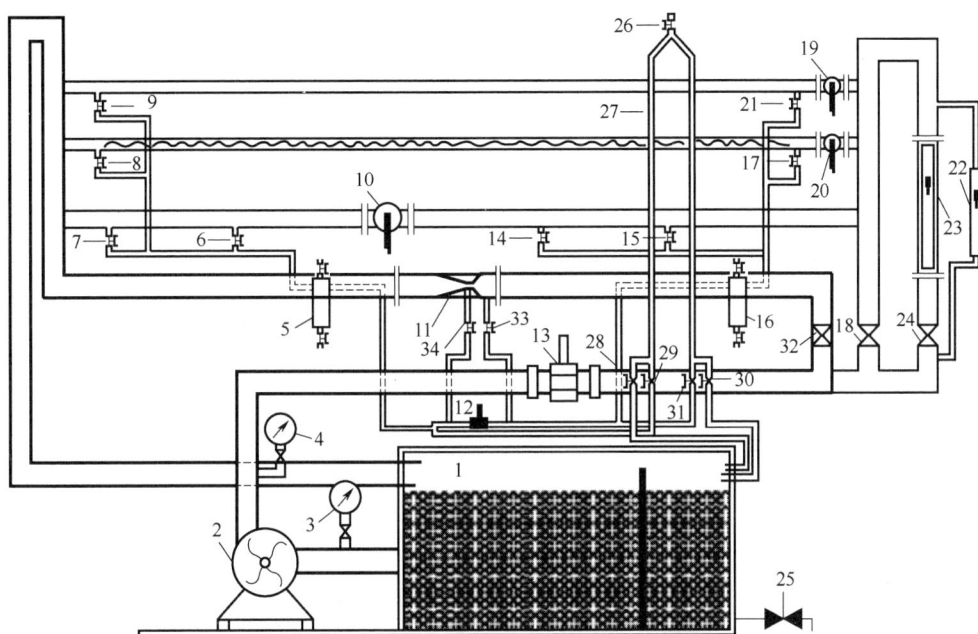

图 4-7　流量计的标定实验传统设备流程示意图

1—水箱；2—水泵；3—入口真空表；4—出口压力表；5，16—缓冲罐；6，14—测局部阻力近端阀；7，15—测局部阻力远端阀；
8，17—粗糙管测压阀；9，21—光滑管测压阀；10—局部阻力阀；11—文丘里流量计（孔板流量计）；12—压差传感器；
13—涡轮流量计；18，24，32—阀门；19—光滑管阀；20—粗糙管阀；22—小转子流量计；23—大转子流量计；
25—水箱放水阀；26—倒 U 形管压差计放空阀；27— 倒 U 形管压差计；28，30—倒 U 形管压差计排水阀；
29，31—倒 U 形管压差计进水阀；33，34—文丘里流量计测压阀

（2）实验装置流程简介

水泵将水箱内的水输送到实验系统，流体经涡轮流量计计量，用流量调节阀 32 调节流量，回到水箱。同时测量文丘里流量计两端的压差，离心泵进、出口压强，离心泵电机输入功率并记录。

（3）实验设备主要技术参数

传统设备各仪表的技术参数同"流动阻力测定"实验传统设备的一致，见表 4-1。

2. 升级设备

（1）实验所采用管段示意图

升级设备的管路系统流程示意图见图 4-3，本实验进行孔板流量计及文丘里流量计标定实

验时，分别将图4-8中的管段接入管路系统。

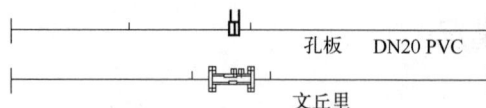

图4-8 流量计标定实验升级设备所采用管段

（2）实验装置流程简介

水箱中的流体经过离心泵通过调节 VA02 调节管路流量，流经涡轮流量计及可更换管路进行孔板流量计及文丘里流量计的标定实验，液体最终返回计量槽或水箱。

（3）实验设备主要技术参数

升级实验设备的主要技术参数同"流动阻力测定"实验升级设备一致，见表4-3。不同流量计管段尺寸见表4-6。

表4-6 各管段测量尺寸

文丘里流量计	d_1=20mm，A_0/A_1=0.5625，透明 PVC
孔板流量计	d_1=20mm，A_0/A_1=0.599，透明 PVC
泵特性	内径 ϕ25，透明 PVC

五、实验方法及步骤

1. 传统设备

（1）向水箱内注入蒸馏水。检查流量调节阀32，出口压力表的开关及入口真空表的开关是否关闭（应关闭）。

（2）启动离心泵，缓慢打开调节阀32至全开。待系统内流体稳定，即系统内已没有气体，打开出口压力表和入口真空表的开关，方可测取数据。

（3）用阀门32调节流量，从流量为零至最大或流量从最大到零，测取 10～15 组数据，同时记录涡轮流量计频率和文丘里流量计的压差，并记录水温。

（4）实验结束后，关闭流量调节阀，停泵，切断电源。

2. 升级设备

软件上单击与接入管路对应实验。

（1）选择文丘里流量计管装入管路，连接压差传感器2（压差2）。

（2）排气：先打开 VA18，再全开 VA01，然后打开压差传感器上的排气阀 VA11 和 VA12，约 1min，观察引压管内无气泡，先关闭压差传感器上的排气阀 VA11 和 VA12，再关闭 VA01。

（3）启动离心泵，逐渐开启流量调节阀 VA01，根据以下流量计示数进行调节。推荐采集数据依次控制在 Q=0.8m³/h、1.2m³/h、1.8m³/h、2.7m³/h、4m³/h、5.5m³/h（若无法达到 5.5m³/h，在 VA01 全开时记录数据即可）。

（4）此管做完后，关闭 VA01 和离心泵，更换文丘里管为孔板管，按上述步骤依次进行孔板流量计的测量。

孔板流量计实验推荐采集数据依次控制在 Q=0.8m³/h、1.2m³/h、1.8m³/h、2.5m³/h、3m³/h、最大（最大流量以压差传感器示数不超过 40kPa 为标准即可）。

（5）以上步骤做完后，关闭阀门 VA18，管路出口液体排入计量槽，调节阀门 VA01，用秒表计时，记录计量槽一定高度液位变化所用时间及对应压差，由计量槽截面积即可计算管路流量。调节阀门 VA01，依次记录不同流量下的压差，代入流量计计算公式，即可由体积法对不同流量计进行标定。

（6）进行流量计标定时，将永久压力测量孔连接压差传感器 3，测量流量计永久压力损失。

注：更换支路前请开启排液阀 VA16，放净管路内液体。

（7）实验完毕，关闭所有阀门，停泵，开启排净阀 VA16、泵入口排水阀 VA07，最后关闭电源。

六、实验注意事项

水质要清洁，以免影响涡轮流量计的运行。

七、实验数据记录表及实验报告要求

1. 实验数据记录表

以文丘里流量计标定测定为例，实验数据记录表如表 4-7 所示。

表 4-7　流量计标定实验数据记录表

被测流体：水　　温度：　　密度 ρ=　　黏度 μ=					
实验序号	压差 Δp/kPa	流量 Q/（m³/h）	流速 u/（m/s）	Re	C_v
1					
2					
……					

2. 将实验数据和数据整理结果列在表格中，并以其中一组数据为例写出计算过程。

3. 半对数坐标纸上做出流量系数 C_0-Re 关系曲线。

4. 在双对数坐标系绘制流量计标定流量 Q 与压差 Δp 关系曲线。

八、思考题

1. 节流式流量计应当安装在管路中的什么位置？为什么？
2. 流量相同时，孔板流量计所测压差与文丘里流量计所测压差哪一个大？为什么？
3. 比较并说明孔板流量计与文丘里流量计的各自特点。

实验三　离心泵综合实验

一、实验目的

1. 熟悉离心泵的操作方法及使用注意事项。
2. 掌握离心泵特性曲线和管路特性曲线的测定方法和表示方法，加深对离心泵性能的理解。
3. 能够对给定的任务进行设计，确定实验方案，给出实验步骤。

二、实验内容

1. 依据管路特性曲线和泵性能曲线来准确确定离心泵的工作点。理解流量、扬程及功率等关键参数的相互关系，并能够将这些理论知识应用于实际设计中。
2. 根据不同工况下的需求调整泵的运行参数，优化离心泵系统的设计，确保泵的高效稳定运行，从而提高整个化工过程的效率和可靠性。

三、实验原理

1. 离心泵特性曲线

离心泵的特性曲线取决于泵的结构、尺寸和转速。对于一定的离心泵，在一定的转速下，泵的扬程 H 与流量 Q 之间存在一定的关系。此外，离心泵的轴功率 N 和效率 η 亦随泵的流量 Q 而改变。因此 $H\text{-}Q$、$N\text{-}Q$ 和 $\eta\text{-}Q$ 三条关系曲线反映了离心泵的特性，称为离心泵的特性曲线。

（1）流量 Q 测定

本实验采用涡轮流量计直接测量泵流量 Q'，$Q=Q'/3600$，单位 $\mathrm{m^3/s}$。

（2）扬程 H 的计算

在泵的吸入口和排出口之间列伯努利方程：

$$z_入 + \frac{p_入}{\rho g} + \frac{u_入^2}{2g} + H = z_出 + \frac{p_出}{\rho g} + \frac{u_出^2}{2g} + H_{f入\text{-}出} \tag{4-15}$$

离心泵的扬程 H 为：

$$H = (z_出 - z_入) + \frac{p_出 - p_入}{\rho g} + \frac{u_出^2 - u_入^2}{2g} + H_{f入\text{-}出} \tag{4-16}$$

其中，$H_{f入\text{-}出}$ 为泵的吸入口和排出口之间管路内的流体流动压头损失，由于吸入口和排出口之间距离较短，与伯努利方程中其他项比较，$H_{f入\text{-}出}$ 值很小，故可忽略。由于实验装置中泵出口和入口管径相同，于是上式变为：

$$H = (z_出 - z_入) + \frac{p_出 - p_入}{\rho g} \tag{4-17}$$

式中，$(z_出 - z_入)$ 为测得的离心泵吸入口和排出口间的垂直距离；$(p_出 - p_入)$ 的值需分别读取泵后压力表及泵前真空表的数值，再进行计算。将以上各项代入式（4-17）可计算出 H。

（3）轴功率 N 测定

功率表测得的功率为电动机的输入功率。泵由电动机直接带动，传动效率可视为 1，所以电动机的输出功率等于泵的轴功率。即

泵的轴功率 N=电动机的输出功率

电动机输出功率=电动机输入功率×电动机效率（0.6）

泵的轴功率=功率表读数×电动机效率

（4）效率 η 测定

离心泵的效率由式（4-18）计算：

$$\eta = \frac{N_e}{N} \tag{4-18}$$

有效功率的计算式为：

$$N_e = \frac{HQ\rho g}{1000} = \frac{HQ\rho}{102} \tag{4-19}$$

式中，η 为泵的效率；N 为泵的轴功率，kW；N_e 为泵的有效功率 kW；H 为泵的扬程，m；Q 为泵的流量，m^3/s；ρ 为水的密度，kg/m^3。

2. 管路特性曲线

当离心泵安装在特定的管路系统中工作时，实际的工作压头和流量不仅与离心泵本身的性能有关，还与管路特性有关，也就是说，在液体输送过程中，泵和管路二者是相互制约的。

管路特性曲线是指流体流经管路系统的流量与所需压头之间的关系。若将泵的特性曲线与管路特性曲线绘制在同一坐标图上，两曲线交点即为离心泵在该管路的工作点。测定管路特性与测定泵特性的区别是：测定管路特性时管路系统是固定不变的，因此管路内的流量调节方式与离心泵性能测定不同，不是靠管路调节阀调节流量，而是靠改变泵的转速来实现流量变化。测出对应流量下泵的扬程，即可计算管路特性。本实验使用变频器调节泵的转速。

四、实验装置的基本情况

1. 传统设备的基本情况

（1）实验流程示意图

离心泵性能测试实验的流程如图 4-9 所示。

（2）实验装置流程简介

① 离心泵性能测定

如图 4-9 所示，离心泵将水箱内的水输送到实验系统，流体经涡轮流量计计量，用流量调节阀调节流

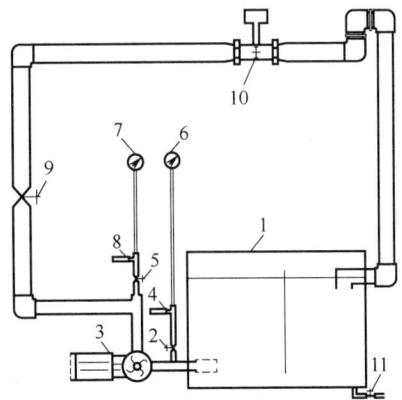

图 4-9 离心泵性能测试流程图

1—水箱；2—泵入口表阀；3—离心泵；4—泵入口压力传感器；5—泵出口表阀；6—泵入口真空表；7—泵出口压力表；8—泵出口压力传感器；9—流量调节阀；10—涡轮流量计；11—水箱排水阀

量，回到水箱。测量离心泵进、出口压强及离心泵电机输入功率并记录。

②管路特性测量

用流量调节阀调节流量到某一位置，改变电机频率，测定涡轮流量计的流量、泵入口压强、泵出口压强并记录。

（3）实验设备主要技术参数

传统设备各仪表的技术参数如表4-8所示。

表4-8 传统设备中各仪表的技术参数

序号	名称	规格	材料
1	压力传感器	型号 LXWY，测量范围 0～200kPa	不锈钢
2	离心泵	型号 WB70/055	不锈钢
3	实验管路	管径 0.043m	不锈钢
4	真空表	测量范围-0.1～0MPa，精度1.5级 真空表测压位置管内径 $d_1=0.028m$	
5	压力表	测量范围 0～0.25MPa，精度1.5级 压强表测压位置管内径 $d_2=0.042m$	
6	涡轮流量计	型号 LWY-40，测量范围 0～20m³/h	
7	变频器	型号 N2-401-H，规格 0～50Hz	

2. 升级设备的基本情况

（1）实验流程示意图

实验流程如图4-10所示，升级设备采用加粗部分管路实施本实验。

（2）实验装置流程简介

水箱中的流体经过离心泵通过调节 VA01 调节管路流量，流经涡轮流量计及离心泵性能测定管路进行各项实验，液体最终返回水箱。

（3）实验设备主要技术参数

升级设备的主要技术参数如表4-9所示。

泵特性测量段尺寸：内径 $\phi25mm$，透明 PVC。

五、实验方法及步骤

设计实验方案，测定离心泵的工作点，以下为可能相关的实验操作。

1. 传统设备

（1）离心泵性能测定

① 向水箱内注入蒸馏水。检查流量调节阀、压力表的开关及真空表的开关是否关闭（应关闭）。

② 启动离心泵，缓慢打开流量调节阀至全开。待系统内流体稳定，即系统内已没有气体。打开压力表和真空表的开关，方可测取数据。

③ 用流量调节阀调节流量，从流量为零至最大或流量从最大到零，测取 10～15 组数据，

同时记录涡轮流量计流量、泵入口压强、泵出口压强、功率表读数，并记录水温。

④ 实验结束后，关闭流量调节阀，停泵，切断电源。

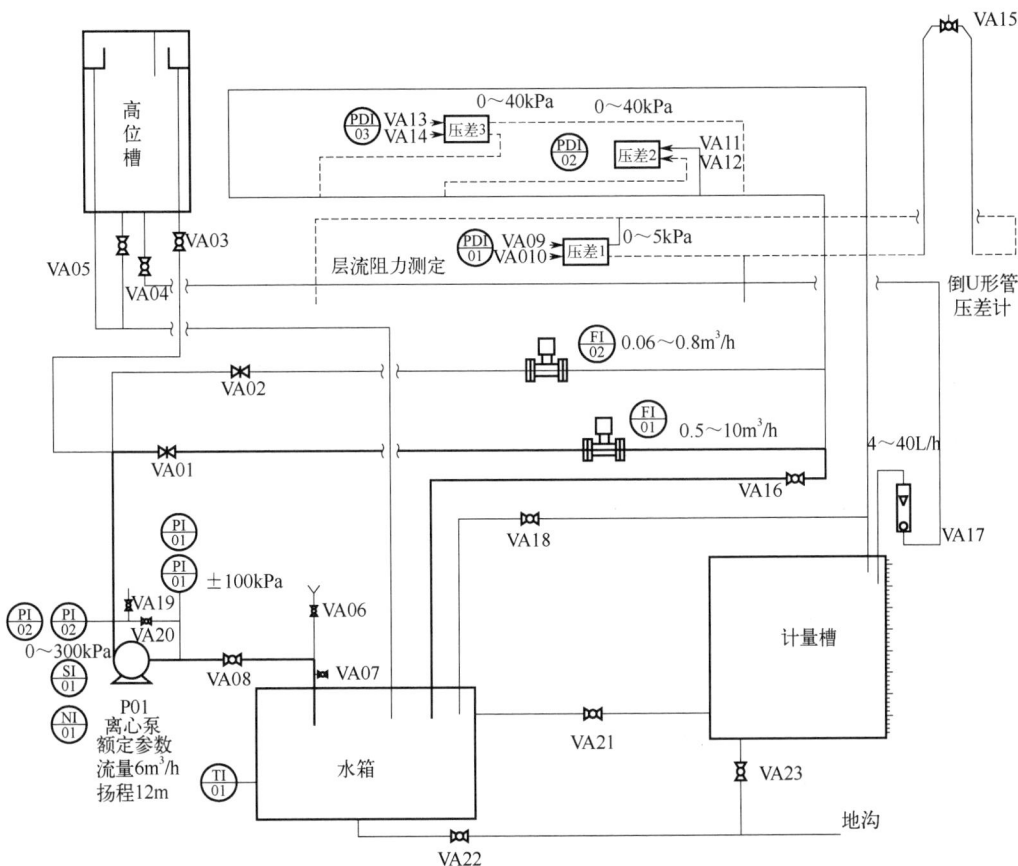

图 4-10 离心泵性能测定流程示意图

VA01，VA02—流量调节阀；VA03—高位槽上水阀；VA04—层流管开关阀；VA05—高位槽放净阀；VA06—灌泵阀，
VA07—泵入口排水阀，VA08—泵入口阀；VA09，VA10—压差 1 排气阀；VA11，VA12—压差 2 排气阀；VA1，VA14—压差 3
排气阀；VA15—倒 U 形管压差计排气阀；VA16—泵性能曲线实验管路阀门；VA17—层流管流量调节；VA18—主管路阀门；
VA19，VA20—离心泵进出口压力测量管排气阀；VA21—计量槽排水阀；VA22—水箱放净阀；VA23—计量槽放净阀
温度：TI01—循环水温度
流量：FI01，FI02—管路流量测量
压差：PDI01—压差测量 1；PDI02—压差测量 2；PDI03—压差测量 3；PI01—泵入口压力；PI02—泵出口压力

表 4-9 升级设备中各仪表的技术参数

序号	名称	规格	材料
1	离心泵	功率 0.55kW，流量 6m³/h，扬程 12m	不锈钢
2	循环水箱	710mm×490mm×380mm（长×宽×高）	PP
3	涡轮流量计	0.5～10m³/h，精度 0.5 级	有机玻璃壳体
4	温度传感器	Pt100 航空接头	

（2）管路特性的测量

① 管路特性曲线测定时，先置流量调节阀为某一开度，调节离心泵电机频率（调节范围

$20\sim50\text{Hz}$），测取 8～10 组数据，同时记录电机频率、泵入口压强、泵出口压强、流量计读数，并记录水温。

② 实验结束后，关闭流量调节阀，停泵，切断电源。

2. 升级设备

（1）离心泵性能测定

软件上单击离心泵特性实验。

① 打开泵特性实验管路阀门 VA16。

② 排气：启动离心泵，全开 VA01，然后打开压力传感器上的排气阀 VA19 及 VA20 约 1min，观察引压管内无气泡，关闭排气阀 VA19 及 VA20。

③ 调节阀门 VA01，每次改变流量，应以涡轮流量计读数 FI01 变化为准。依次调节阀门 VA01，使 FI01 依次控制在 $Q=1\text{m}^3/\text{h}$、$2\text{m}^3/\text{h}$、$3\text{m}^3/\text{h}$、$4\text{m}^3/\text{h}$、$5\text{m}^3/\text{h}$、$6\text{m}^3/\text{h}$、最大，记录相关实验数据。

④ 实验完成后，关闭 VA01，关闭离心泵。

⑤ 离心泵性能测定结束后可手动关闭离心泵入口阀 VA08，启动离心泵，观察离心泵汽蚀现象。

（2）管路特性的测量

低阻管路性能曲线测定：软件上单击低阻管路性能实验。

① 管路性能测定不用更换管路，采用离心泵性能测量管路即可。

② 启动离心泵，开启流量调节阀 VA01 至最大；从大到小依次调节离心泵转速来改变流量，转速的确定应以涡轮流量计读数变化为准。

③ 记录数据，然后再调节转速。

④ 做完后，将转速设定到 2850r/min。

高阻管路性能曲线测定：软件上单击高阻管路性能实验。

① 在离心泵转速 2850r/min 下，关小 VA01，将 FI01 流量调节到约 $4\text{m}^3/\text{h}$（此后，阀门不再调节）；逐渐调节转速，每次改变流量，应以涡轮流量计读数变化为准。

② 记录数据，然后再调节转速。

③ 做完后，将转速调节到 2850r/min。

六、实验注意事项

1. 在实验过程中每调节一个流量之后应待流量和其他参数的数据稳定以后方可记录数据。

2. 每次启动离心泵前先检测水箱是否有水，严禁泵内无水空转！

3. 传统设备使用变频调速器时一定注意 FWD 指示灯亮，切忌按 FWD REV 键，REV 指示灯亮时电机反转。

4. 传统设备启动离心泵前，必须关闭流量调节阀，关闭压力表和真空表的开关，以免损坏测量仪表。

5. 实验水质要清洁，以免影响涡轮流量计运行。

七、实验数据记录表及实验报告要求

1．实验数据记录表

实验数据记录表如表 4-10 和表 4-11 所示。

表 4-10　离心泵特性曲线测定实验数据记录表

水温度_____℃，密度 $\rho =$ _____kg/m³，泵进出口高度差=0.380m

序号	入口压力 p_1/MPa	出口压力 p_2/MPa	电机功率/kW	流量 Q/（m³/h）	压头 H/m	泵轴功率 N/W	效率 η/%
1							
2							
……							

表 4-11　离心泵管路特性曲线记录表

水温度_____℃，密度 $\rho =$ _____kg/m³，泵进出口高度差=0.380m

序号	电机频率/Hz	入口压力 p_1/MPa	出口压力 p_2/MPa	流量 Q/(m³/h)	压头 H/m
1					
2					
……					

2．将实验数据和计算结果列在数据表格中，并以一组数据为例进行计算。

3．在合适的坐标系上绘制离心泵特性曲线和管路特性曲线。

八、思考题

1．为什么离心泵启动前要灌泵，在启动前为何要关闭调节阀？

2．当改变流量调节阀开度时，压力表和真空表的读数分别如何变化？

3．什么是气缚与汽蚀现象？试分析气缚现象与汽蚀现象的区别。

4．简述如何选择合适的离心泵。

5．离心泵铭牌上所标出的参数是什么条件下的参数？

实验四　恒压过滤实验

一、实验目的

1．了解板框过滤机的构造和操作方法。

2. 掌握过滤方程式中恒压过滤常数 K 与 q_e 的测定方法，加深对 K 与 q_e 概念的理解和影响因素的考察。

3. 了解操作压力条件对过滤速率的影响。

4. 学习滤饼的压缩性指数 s 和物料常数 k 的测定方法。

5. 学习 $\dfrac{\mathrm{d}\theta}{\mathrm{d}q}$-$q$ 一类关系的实验确定方法。

二、实验内容

1. 分小组进行实验，测定每个实验条件下的过滤常数 K 与 q_e。

2. 讨论 K 随其影响因素的变化趋势。

3. 测定操作压力条件对过滤速率的影响，并确定适宜的操作条件，以提高过滤速率。

三、实验原理

过滤是利用过滤介质进行液-固系统分离的过程，过滤介质通常采用带有许多毛细孔的物质如帆布、毛毯和多孔陶瓷等。在一定压力的作用下，含有固体颗粒的悬浮液通过过滤介质，固体颗粒被截留在介质表面上，从而使液-固两相分离。

在过滤过程中，固体颗粒不断被截留在介质表面，滤饼厚度增加，导致液体流过固体颗粒之间的孔道加长，从而使流体流动的阻力增加。故恒压过滤时，过滤速率逐渐下降。随着过滤的进行，若想得到相同的滤液量，过滤时间需要增加。

1. 恒压过滤方程式

恒压过滤的方程式为：

$$q^2 + 2qq_e = K\theta \tag{4-20}$$

式中，q 为单位过滤面积获得的滤液体积，$\mathrm{m}^3/\mathrm{m}^2$；$q_e$ 为单位过滤面积获得的当量滤液体积，$\mathrm{m}^3/\mathrm{m}^2$；$\theta$ 为实际过滤时间，s；K 为过滤常数，m^2/s。

2. 恒压下对 K、q_e 及 θ_e 的测定

将式（4-20）对 q 求导数，可得：

$$\frac{\mathrm{d}\theta}{\mathrm{d}q} = \frac{2}{K}q + \frac{2}{K}q_e \tag{4-21}$$

这是一个直线方程式，以 $\dfrac{\mathrm{d}\theta}{\mathrm{d}q}$ 对 q 在普通坐标纸上标绘必得一直线，它的斜率为 $\dfrac{2}{K}$，截距为 $\dfrac{2}{K}q_e$，但是 $\dfrac{\mathrm{d}\theta}{\mathrm{d}q}$ 难以测定。当各数据点的时间间隔不大时，可用增量之比 $\dfrac{\Delta\theta}{\Delta q}$ 代替 $\dfrac{\mathrm{d}\theta}{\mathrm{d}q}$。

$$\frac{\Delta\theta}{\Delta q} = \frac{2}{K}q + \frac{2}{K}q_e \tag{4-22}$$

因此，我们只需在某一恒压下进行过滤，测取一系列的 q 和 $\Delta\theta$、Δq 值，然后在坐标上

以 $\dfrac{\Delta\theta}{\Delta q}$ 为纵坐标，以 $\bar{q}$ 为横坐标（由于 $\dfrac{\Delta\theta}{\Delta q}$ 的值是对 Δq 来说的，因此图上 q 的值应取其此区间的平均值）作图即可得到一直线，这条直线的斜率为 $\dfrac{2}{K}$，截距即为 $\dfrac{2}{K}q_e$，由此可求出 K 及 q_e。再通过式（4-23）：

$$q_e^2 = K\theta_e \qquad\qquad （4\text{-}23）$$

可求得 θ_e。

3. 压缩性指数 s 的测定

恒压过滤时，过滤常数的定义式为：

$$K = 2k\Delta p^{1-s} \qquad\qquad （4\text{-}24）$$

式中，k 为表征过滤物料特性的常数，$m^4/(N \cdot s)$；s 为滤饼的压缩性指数，量纲为 1；Δp 为过滤压差，Pa。

将式（4-24）两端取对数，可得：

$$\lg K = (1-s)\lg(\Delta p) + \lg(2k) \qquad\qquad （4\text{-}25）$$

其中

$$k = \dfrac{1}{\mu r' v} \qquad\qquad （4\text{-}26）$$

式中，μ 为滤液黏度，$Pa \cdot s$；r' 为单位压差下滤饼的比阻，$1/m^2$；v 为滤饼体积与相应的滤液体积之比，m^3/m^3。

对于一定的悬浮液，μ、r' 及 v 均可视为常数，故 k 也是常数。因此 K 与 Δp 的关系，在双对数坐标纸上标绘是一条直线。直线的斜率为 $1-s$，由此可计算出压缩性指数 s，读取 $\lg(\Delta p)\text{-}\lg K$ 直线上任一点处的 K 及 Δp 的数据，一起代入式（4-25）即可计算出物料特性常数 k。

四、实验装置的基本情况

1. 传统设备

（1）实验流程示意图

实验流程如图 4-11 所示，滤浆槽内配有一定浓度的轻质碳酸钙悬浮液（浓度在 6%～8%），用电动搅拌器进行均匀搅拌（以浆液不出现旋涡为好）。启动旋涡泵，调节阀门 3 使压力表 4 指示在规定值。滤液量在计量桶内计量。

实验装置中过滤、洗涤管路分布如图 4-12 所示。

（2）实验设备主要技术参数

传统设备各仪器的主要技术参数见表 4-12。

（3）实验装置面板示意图

实验装置的面板如图 4-13 所示。过滤实验需要的主要仪器为秒表，所需试剂为水和碳酸钙。

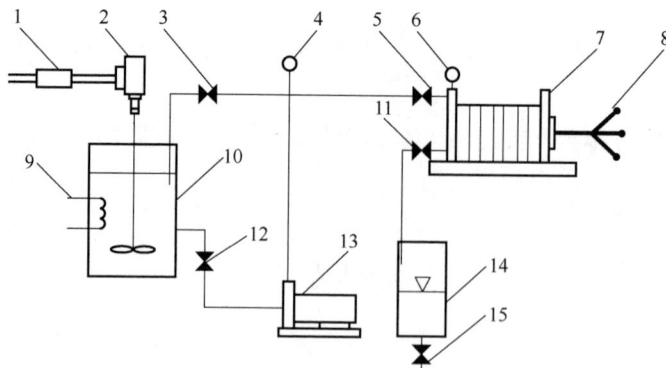

图 4-11　恒压过滤实验传统设备流程示意图

1—调速器；2—电动搅拌器；3，5，11，15—阀门；4、6—压力表；7—板框过滤机；8—压紧装置；
9—加热器；10—滤浆槽；12—进料阀；13—旋涡泵；14—计量桶；▽—测试点

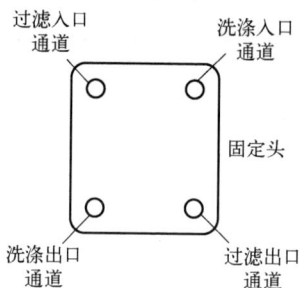

图 4-12　板框过滤机固定头管路分布图

表 4-12　实验设备主要技术参数

序号	设备名称	规格型号	备注
1	旋涡泵	Y802-2	
2	搅拌器	KDZ-1	
3	过滤板	160mm×180mm×11mm	过滤面积 0.0475m²
4	滤布	621	
5	计量桶	长 327mm、宽 286mm	

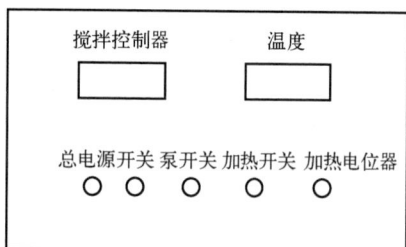

图 4-13　恒压过滤面板示意图

2. 升级设备

（1）工艺流程图

恒压过滤实验升级设备流程图如图 4-14 所示。

（2）流程说明

料液：料液由配浆槽经加压罐进料阀 VA05 进入加压罐，自加压罐底部经料液进口阀 VA10 进入板框过滤机滤框内，通过滤布过滤后，滤液汇集至引流板，经滤液出口阀 VA09 流入计量槽；加压罐内残余料液可经加压罐残液回流阀 VA14 返回配浆槽。

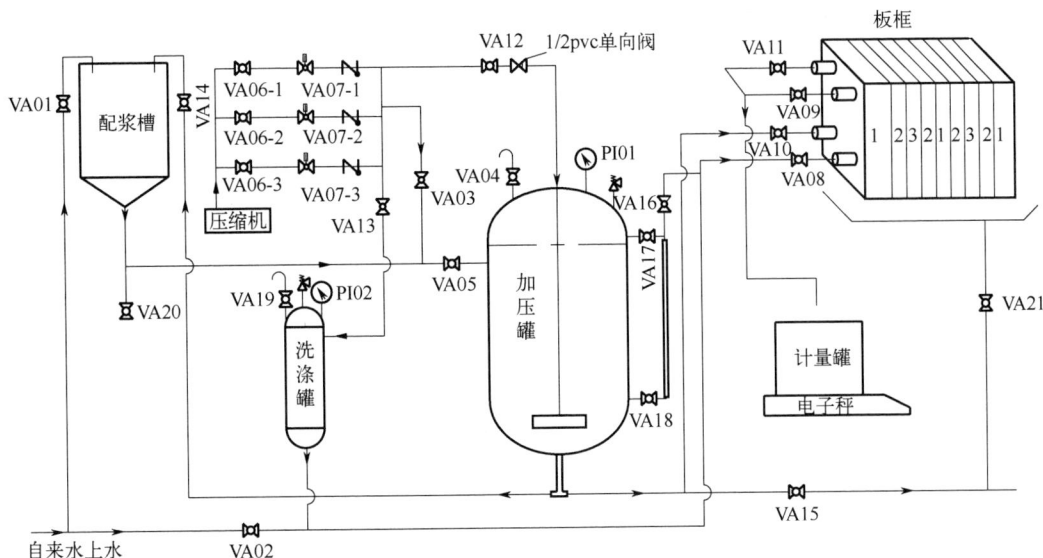

图 4-14　恒压过滤实验升级设备流程图

VA01—配浆槽上水阀；VA02—洗涤罐加水阀；VA03—气动搅拌阀；VA04—加压罐放空阀；VA05—加压罐进料阀；VA06-1—0.1MPa 进气阀；VA06-2—0.15MPa 进气阀；VA06-3—0.2MPa 进气阀；VA07-1—0.1MPa 稳压阀；VA07-2—0.15MPa 稳压阀；VA07-3—0.2MPa 稳压阀；VA08—洗涤水进口阀；VA09—滤液出口阀；VA10—滤浆进口阀；VA11—洗涤水出口阀；VA12—加压罐进气阀；VA13—洗涤罐进气阀；VA14—加压罐残液回流阀；VA15—放净阀；VA16—液位计洗水阀；VA17—液位计上口阀；VA18—液位计下口阀；VA19—洗涤罐放空阀；VA20—配浆槽放料阀；VA21—板框排污阀；PI01—加压罐压力；PI02—洗涤罐压力

气路：带压空气由压缩机输出，经进气阀、稳压阀、加压罐进气阀 VA12 进入加压罐内；或者经气动搅拌阀 VA03 进入配浆槽，洗涤罐进气阀 VA13 进入洗涤罐。

（3）设备仪表参数

物料加压罐：罐尺寸 ϕ325mm×370mm，总容积为 38L，液面不超过进液口位置，有效容积约 21L。

配浆槽：尺寸为 ϕ325mm，直筒高 370mm，锥高 150mm，锥容积 4L。

洗涤罐：尺寸为 ϕ159mm×300mm，容积为 6L。

板框过滤机：1#滤板（非过滤板）一块；3#滤板（洗涤板）两块；2#滤框四块；两端的两个压紧挡板，作用同 1#滤板，因此也为 1#滤板。

过滤面积：

$$A = \frac{\pi \times 0.125^2}{4} \times 2 \times 4 = 0.09818(\text{m}^2)$$

滤框厚度：12mm

四个滤框总容积：

$$V = \frac{\pi \times 0.125^2}{4} \times 0.012 \times 4 = 0.589(\text{L})$$

电子秤：量程 0～15kg，最小分度值 1g。

压力表：0～0.25MPa。

五、实验方法及操作步骤

1. 传统设备

（1）系统接上电源，打开搅拌器电源开关，启动电动搅拌器，将滤液槽内的浆液搅拌均匀。打开加热开关，在温度表上设定所需温度，对料液进行加热，加热到设定温度。

（2）板框过滤机板、框排列顺序为固定头-过滤板-框-洗涤板-框-过滤板-可动头。用压紧装置压紧后待用。

（3）使阀门3处于全开，阀门5、11、15处于全关状态。启动旋涡泵，调节阀门3使压力达到规定值。

（4）待压力表4数值稳定后，打开阀门5和1开始过滤。当计量桶内见到第一滴液体时开始计时，记录滤液每增加高度10mm所用的时间。当计量桶读数为150mm时停止计时，并立即关闭入口阀门5，停泵。

（5）打开阀门3使压力表4指示值下降。开启压紧装置卸下过滤框内的滤饼并放回滤浆槽内，将滤布清洗干净。放出计量桶内的滤液并倒回槽内，保证滤浆浓度恒定。

（6）改变压力值，从步骤（2）开始重复上述实验。

（7）每组实验结束后，用洗水管路对滤饼进行洗涤，测定洗涤时间和洗水量。

2. 升级设备

（1）板框过滤机的滤布安装。按板和框的号数以 1-2-3-2-1-2-3-2-1 的顺序排列过滤机的板与框（顺序、方位不能错）。把滤布用水湿透，再将湿滤布覆在滤框的两侧（滤布孔与框的孔一致）。然后用压紧螺杆压紧板和框，过滤机固定头的 4 个阀均处于关闭状态。

（2）加水操作。若使物料加压罐中有21L物料，配浆槽直筒内容积应为17L，直筒内液体高为210mm，因此，配浆槽内加水液面到上沿高应为 370−210=160mm，即配浆槽内定位点；然后，在洗涤罐内加水约3/4，为洗涤做准备。

（3）配原料滤浆。为了配制质量分数5%～7%的轻质 $MgCO_3$ 溶液，按21L水约21kg计算，应称取轻质 $MgCO_3$ 粉末约1.5kg，并倒入配浆槽内，加盖。启动压缩机，开启 VA06-1 和 VA07-1，将气动搅拌阀 VA03 向开启方向旋转90°，气动搅拌使液相混合均匀，关闭 VA03、VA06-1 和 VA07-1，将物料加压罐的放空阀 VA04 打开，开 VA05 让配浆槽内配制好的滤浆自流入加压罐内，完成放料后关闭 VA04 和 VA05。

（4）加压操作。开启 VA12，先确定在什么压力下进行过滤，本实验装置可进行三个固定压力下的过滤，分别由三个定值稳压阀并联控制，从上到下分别是 0.1MPa、0.15MPa 和 0.2MPa。以实验 0.1MPa 为例，开启 VA06-1 和稳压阀 VA07-1，使压缩空气进入加压罐下部的气动搅拌盘，气体鼓泡搅动使加压罐内的物料保持浓度均匀，同时将密封的加压罐内的料液加压，当物料加压罐内的压力 PI01 维持在 0.1MPa 时，准备过滤。

（5）过滤操作。开启板框过滤机上方的两个滤液出口阀，即 VA09，全开下方的滤浆进口阀 VA10，滤浆便被压缩空气的压力送入板框过滤机过滤。滤液流入计量槽，记录一定质量的滤液量所需要的时间（本实验建议质量每升高 500g 读取时间数据）。待滤渣充满全部滤框后

（此时滤液流量很小，但仍呈线状流出）。关闭滤浆进口阀 VA10，停止过滤。

（6）洗涤操作。物料洗涤时，关闭加压罐进气阀 VA12，打开连接洗涤罐的压缩空气进气阀 VA13，压缩空气进入洗涤罐，维持洗涤压强与过滤压强一致。关闭过滤机固定头滤液出口阀 VA09，开启左下方的洗涤水进口阀 VA08，洗涤水经过滤饼层后流入计量罐，测取有关数据。

（7）卸料操作。洗涤完毕后，关闭洗涤水进口阀 VA08，旋开压紧螺杆，卸出滤饼，清洗滤布，整理板框。板框及滤布重新安装后，进行另一个压力操作。

（8）其他压力值过滤。由于加压罐内有足够的同样浓度的料液，按以上（5）～（7）步骤，调节过滤压力，依次进行其余两个压力下的过滤操作。

（9）实验结束操作。全部过滤洗涤结束后，关闭洗涤罐进气阀 VA13，打开加压罐进气阀 VA12，盖住配浆槽盖，打开加压罐残液回流阀 VA14，用压缩空气将加压罐内的剩余悬浮液送回配浆槽内贮存，关闭加压罐进气阀 VA12。

（10）清洗加压罐及其液位计。打开加压罐放空阀 VA04，使加压罐保持常压。关闭加压罐液位计上口阀 VA17，打开洗涤罐进气阀 VA13，打开液位计洗水阀 VA16，让清水洗涤加压罐液位计，以免剩余悬浮液沉淀，堵塞液位计、管道和阀门等；清洗完成后，关闭洗涤罐进气阀 VA13，停压缩机。

六、实验注意事项

1. 过滤板与过滤框之间的密封垫注意要放正，过滤板与过滤框上面的滤液进出口要对齐。滤板与滤框安装完毕后要用摇柄把过滤设备压紧，以免漏液。

2. 计量罐的流液管口应紧贴桶壁，防止液面波动影响读数。

3. 利用传统设备实验结束时应关闭阀门 3。

4. 由于电动搅拌器为无级调速，使用时首先接上系统电源，打开调速器开关，调速钮一定由小到大缓慢调节，切勿反方向调节或调节过快以免损坏电机。

5. 启动搅拌前，用手旋转一下搅拌轴以保证启动顺利。

6. 实验完成后应将装置清洗干净，防止堵塞管道；长期不用时，应将槽内的水放净。

七、实验数据记录表及实验报告要求

1. 实验数据记录表

以传统设备为例实验数据记录表如表 4-13 所示，原始及整理数据表如表 4-14 所示。（升级设备实验的数据表将表 4-13、表 4-14 中的高度改为质量即可。）

表 4-13　实验数据记录表

序号	高度/mm	0.05MPa	0.10MPa	0.15MPa
		时间 θ/s	时间 θ/s	时间 θ/s
1	60			
2	70			

序号	高度/mm	0.05MPa	0.10MPa	0.15MPa
		时间 θ/s	时间 θ/s	时间 θ/s
3	80			
4	90			
5	100			
6	110			
7	120			
8	130			
9	140			
10	150			

表 4-14　过滤实验原始及整理数据表

序号	高度/mm	q/ (m³/m²)	Δq/ (m³/m²)	$\bar{q}$/ (m³/m²)	0.05MPa			0.10MPa			0.15MPa		
					时间 θ/s	$\Delta\theta$/s	$\dfrac{\Delta\theta}{\Delta q}$	时间 θ/s	$\Delta\theta$/s	$\dfrac{\Delta\theta}{\Delta q}$	时间 θ/s	$\Delta\theta$/s	$\dfrac{\Delta\theta}{\Delta q}$
1	60												
2	70												
3	80												
4	90												
5	100												
6	110												
7	120												
8	130												
9	140												
10	150												

2. 作出不同压力下 $\dfrac{\Delta\theta}{\Delta q}$ 与 $\bar{q}$ 的关系线，从图中得到其斜率和截距，计算出过滤常数 K、当量滤液体积 q_e 和当量过滤时间 θ_e。

3. 作出 $\lg(\Delta p)$-$\lg K$ 的关系线，从图中得到其斜率，计算出压缩性指数 s。读取直线上任一点处的 K 及 Δp 的数据，计算出物料特性常数 k。

4. 分析不同条件（压力、温度、浓度）等可能带来的影响（本实验建议只做压力影响）；在条件许可情况下应作正交实验。

八、思考题

1. 试分析过滤压力对过滤常数的影响。

2. 为什么过滤实验开始时，滤液会有些浑浊，过滤一段时间后才会变得澄清？

3. 离心泵如果不正确使用会出现什么现象？应该如何避免？

4. 过滤板和洗涤板应该如何区分和放置？

5. 随着过滤过程的进行，过滤速率应如何变化？

实验五　传热综合实验

一、实验目的

1. 通过对空气-水蒸气普通套管换热器的实验研究，掌握对流传热系数 α_i 的测定方法及计算方法，加深对其概念和影响因素的理解。

2. 通过对管程内部插有螺旋线圈的空气-水蒸气强化套管换热器的实验研究，掌握对流传热系数 α_i 的测定方法及计算方法，加深对其概念和影响因素的理解。

3. 通过对管程为扰流管的空气-水蒸气强化套管换热器的实验研究，掌握对流传热系数 α_i 的测定方法及计算方法，加深对其概念和影响因素的理解。

4. 学会并应用线性回归分析方法，确定关联式 $Nu=ARe^mPr^{0.4}$ 中常数 A、m 的值。

5. 由实验数据及关联式 $Nu=ARe^mPr^{0.4}$ 计算出 Nu、Nu_0，求出强化比 Nu/Nu_0，加深理解强化传热的基本理论和基本方式。

二、实验内容

1. 测定 5～6 组不同流速下普通套管换热器的对流传热系数 α_i。

2. 测定 5～6 组不同流速下强化套管换热器的对流传热系数 α_i。

3. 对 α_i 的实验数据进行线性回归，确定关联式 $Nu=ARe^mPr^{0.4}$ 中常数 A、m 的数值。

4. 通过关联式 $Nu=ARe^mPr^{0.4}$，分别计算出简单套管、波纹套管与扰流套管的 Nu_0、Nu、Nu' 并确定传热强化比 Nu/Nu_0、Nu'/Nu_0。

三、实验原理

1. 普通套管换热器对流传热系数 α_i 测定及准数关联式的确定

（1）对流传热系数 α_i 的测定

在该传热实验中，空气走管内，蒸汽走管间。

对流传热系数 α_i 可以根据牛顿冷却定律，通过实验来测定。因为空气侧对流传热系数 $\alpha_i \ll$ 蒸汽侧对流传热系数 α_o，所以总热阻 $\approx$ 空气侧热阻 $\dfrac{1}{K} \approx \dfrac{1}{\alpha_i}$，即管内的对流传热系数 $\alpha_i \approx K$。K 为热冷流体间的总传热系数，单位是 W/（$m^2 \cdot ℃$）。且由总传热速率方程 $K = Q_i / (\Delta t_m \times S_i)$，所以：

$$\alpha_i \approx \frac{Q_i}{\Delta t_m \times S_i} \tag{4-27}$$

式中，α_i 为管内流体对流传热系数，W/（$m^2 \cdot ℃$）；Q_i 为管内传热速率，W；S_i 为管内换热面积，m^2；Δt_m 为管内平均温度差，℃。

平均温度差由式（4-28）确定。

$$\Delta t_{\mathrm{mi}} = t_{\mathrm{w}} - t_{\mathrm{m}} \tag{4-28}$$

式中，t_{m} 为冷流体的入口和出口的平均温度，$t_{\mathrm{m}} = \dfrac{t_1 + t_2}{2}$，℃；$t_{\mathrm{w}}$ 为壁面平均温度，℃。

因为换热器内管为紫铜管，其热导率很大，且管壁很薄，故认为内壁温度、外壁温度和壁面平均温度近似相等，用 t_{w} 来表示，由于管外使用蒸汽，所以 t_{w} 近似等于热流体的平均温度。

管内换热面积：

$$S_{\mathrm{i}} = \pi d_{\mathrm{i}} L_{\mathrm{i}} \tag{4-29}$$

式中，d_{i} 为内管管内径，m；L_{i} 为传热管测量段的实际长度，m。

Q_{i} 由热量衡算式得：

$$Q_{\mathrm{i}} = W_{\mathrm{i}} c_{pi}(t_{i2} - t_{i1}) \tag{4-30}$$

其中质量流量由式（4-31）求得：

$$W_{\mathrm{i}} = \frac{V_{\mathrm{i}} \rho_{\mathrm{i}}}{3600} \tag{4-31}$$

式中，V_{i} 为冷流体在套管内的平均体积流量，m³/h；c_{pi} 为冷流体的定压比热容，kJ/(kg·℃)；ρ_{i} 为冷流体的密度，kg/m³。

c_{pi} 和 ρ_{i} 可根据定性温度 t_{m} 查得，$t_{\mathrm{m}} = \dfrac{t_{i1} + t_{i2}}{2}$ 为冷流体进出口平均温度。V_{i} 可由孔板流量计的读数经计算获得。

（2）对流传热系数特征数关联式的确定

流体在管内被加热作强制湍流，由量纲为 1 的特征数构成的关联式形式为：

$$Nu_{\mathrm{i}} = ARe_{\mathrm{i}}^{m} Pr_{\mathrm{i}}^{n} \tag{4-32}$$

式中，努塞尔数 $Nu_{\mathrm{i}} = \dfrac{\alpha_{\mathrm{i}} d_{\mathrm{i}}}{\lambda_{\mathrm{i}}}$；雷诺数 $Re_{\mathrm{i}} = \dfrac{u_{\mathrm{i}} d_{\mathrm{i}} \rho_{\mathrm{i}}}{\mu_{\mathrm{i}}}$；普朗特数 $Pr_{\mathrm{i}} = \dfrac{c_{pi} \mu_{\mathrm{i}}}{\lambda_{\mathrm{i}}}$。

物性数据 λ_{i}、c_{pi}、ρ_{i}、μ_{i} 可根据定性温度 t_{m} 查得。经过计算可知，对于管内被加热的空气，普朗特数 Pr_{i} 变化不大，可以认为是常数，则关联式的形式简化为：

$$Nu_{\mathrm{i}} = ARe_{\mathrm{i}}^{m} Pr_{\mathrm{i}}^{0.4} \tag{4-33}$$

这样通过实验确定不同流量下的 Re_{i} 与 Nu_{i}，然后用线性回归方法确定 A 和 m 的值。

2. 强化套管换热器对流传热系数、特征数关联式及强化比的测定

强化传热技术，可以使换热器的传热面积减小，从而减小换热器的体积和重量，减少设备费用。同时换热器能够在较低温差下工作，减少了换热器的工作阻力，以减少动力消耗，更合理有效地利用能源，达到节约能源的目的，这与我国"十四五"规划中提出的"推进资源节约集约利用"的思想是一致的，也体现绿色化工的理念。强化传热的方法有多种，例如采用螺旋线圈强化，使用波纹管、扰流管等。

其中螺旋线圈的结构如图 4-15 所示，螺旋线圈由直径 3mm 以下的铜丝和钢丝按一定节距绕成。将金属螺旋线圈

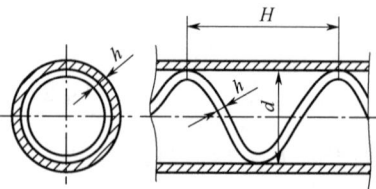

图 4-15　螺旋线圈强化管内部结构

插入并固定在管内，即可构成一种强化传热管。在近壁区域，流体一面由于螺旋线圈的作用而发生旋转，一面还周期性地受到线圈的螺旋金属丝的扰动，因而可以使传热强化。由于绕制线圈的金属丝直径很细，流体旋流强度也较弱，所以阻力较小，有利于节省能源。螺旋线圈以线圈节距 H 与管内径 d 的比值以及管壁粗糙度（$2d / h$）为主要技术参数，且长径比是影响传热效果和阻力系数的重要因素。

前面提到表示对流传热系数的努塞尔数可写为 $Nu = ARe^m Pr^{0.4}$ 的经验公式，其中 A 和 m 的值因强化方式不同而不同。

在本实验中，确定不同流量下的 Re_i 与 Nu_i，用线性回归方法可确定 A 和 m 的值。

传热的强化效果（不考虑阻力的影响）可以用强化比的概念作为评判准则，它的形式是 Nu / Nu_0，其中 Nu 是强化管的努塞尔数，Nu_0 是普通管的努塞尔数，显然，强化比 Nu / Nu_0 >1，其值越大，说明强化效果越好。需要注意的是，如果评判强化方式的真正效果和经济效益，则必须考虑阻力因素，阻力系数随着传热系数的增加而增加，从而导致换热性能的降低和能耗的增加，只有强化比较高，且阻力系数较小的强化方式，才是最佳的强化方法。

四、实验装置的基本情况

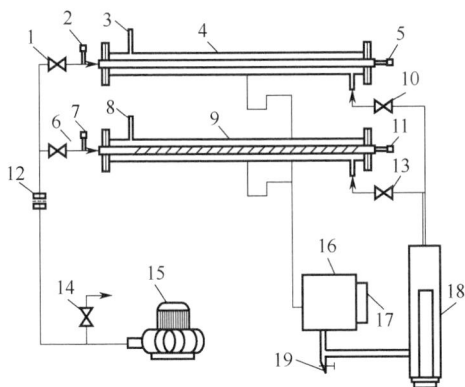

图 4-16　传热综合实验传统设备流程图

1—普通管空气进口调节阀；2—普通管空气进口温度；3—普通管蒸汽出口；4—普通套管换热器；5—普通管空气出口温度计；6—强化管空气进口调节阀；7—强化管空气进口温度计；8—强化套管蒸汽出口；9—内插有螺旋线圈的强化套管换热器；10—普通套管蒸汽进口阀；11—强化管空气出口温度计；12—孔板流量计；13—强化套管蒸汽进口阀；14—空气旁路调节阀；15—旋涡气泵；16—储水罐；17—液位计；18—蒸汽发生器；19—排水阀

1. 传统设备

（1）实验流程示意图

实验传统设备流程示意图如图 4-16 所示。

（2）实验装置流程简介

以普通管换热为例，空气流由旋涡气泵产生，旁路调节阀调节流量，空气经管程进入普通套管换热器，由出口排出。水蒸气由蒸汽发生器产生，经普通套管蒸汽进口阀进入套管换热器，流经管间由普通管空气出口排出。

（3）实验设备主要技术参数

传统设备主要技术参数如表 4-15 所示。

2. 升级设备

（1）实验流程

实验升级设备的流程图如图 4-17 所示。

表 4-15　传热综合实验传统设备结构参数

设备	规格型号
实验内管内径 d_i/mm	20.00
实验内管外径 d_o/mm	22.0
实验外管内径 D_i/mm	50

设备		规格型号
实验外管外径 D_o/mm		57.0
测量段（紫铜内管）长度 L/m		1.20
强化内管内插物（螺旋线圈）尺寸	丝径 h/mm	1
	节距 H/mm	40
孔板流量计孔流系数及孔径		$C_0=0.65$、$d_0=0.014$ m
旋涡气泵		XGB-2 型
加热釜	操作电压	≤200V
	操作电流	≤10A

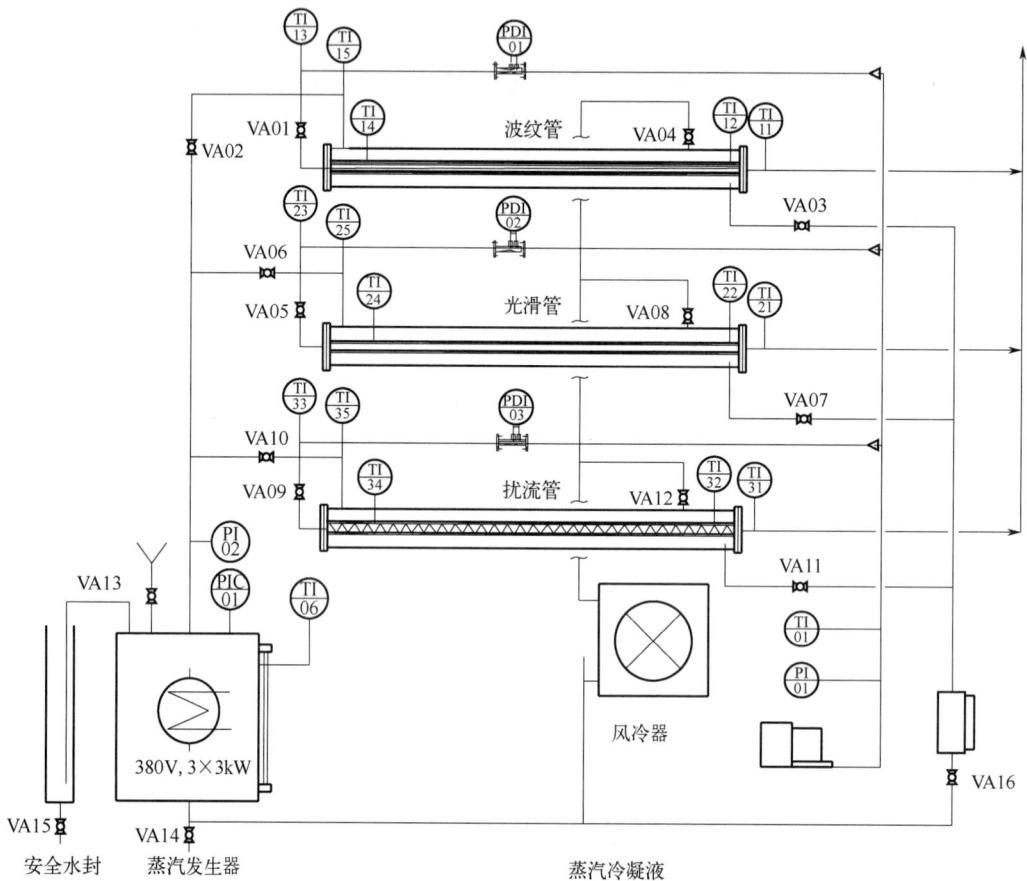

图 4-17 三管传热实验流程图

TI01—风机出口气温（校正用）；TI11—波纹管出口温度；TI13—波纹管进气温度；TI14—波纹管进口截面壁温；TI12—波纹管出口截面壁温；TI15—波纹管夹套蒸汽温度；TI21—光滑管出口温度；TI22—光滑管出口截面壁温；TI23—光滑管进气温度；TI24—光滑管进口截面壁温；TI25—光滑管夹套蒸汽温度；TI31—扰流管出口温度；TI32—扰流管出口截面壁温；TI33—扰流管进气温度；TI34—扰流管进口截面壁温；TI35—扰流管夹套蒸汽温度；VA01—波纹管进气阀门；VA02—波纹管蒸汽进口阀；VA03—波纹管冷凝液排出阀；VA04—波纹管不凝气排出阀；VA05—光滑管进气阀门；VA06—光滑管蒸汽进口阀；VA07—光滑管冷凝液排出阀；VA08—光滑管不凝气排出阀；VA09—扰流管进气阀门；VA10—扰流管蒸汽进口阀；VA11—扰流管冷凝液排出阀；VA12—扰流管不凝气排出阀；VA13—蒸汽发生器进水阀；VA14—蒸汽发生器排水阀；VA15—安全液封排水阀；VA16—冷凝水储罐排水阀；PI01—进气压力传感器（校正流量用）；PIC01—蒸汽发生器压力；PI02—蒸汽发生器压力表压力；PDI01—波纹管文丘里流量计压差传感器；PDI02—光滑管文丘里流量计压差传感器；PDI03—扰流管文丘里流量计压差传感器

（2）实验装置流程简介

实验装置主体套管换热器内为一根紫铜管，外套管为不锈钢管。两端法兰连接，外套管设置有两对视镜，方便观察管内蒸汽冷凝情况。

空气由旋涡气泵送出，经文丘里流量计计量后进入被加热的铜管进行换热，自另一端排出放空。在空气进出口铜管管壁上分别装有 2 支热电阻，可分别测出两个截面上的壁温；空气管路前端分别设置一个测压点 PI01 和一个测温点 TI01，用于文丘里流量计算时对空气密度的校正。

蒸汽进入套管换热器，冷凝释放潜热。为防止蒸汽内有不凝气体，本装置设置有不凝气排空口，不凝气排空口排出的蒸汽经过风冷器冷却成冷凝液，冷凝液回流到蒸汽发生器内再利用。

（3）实验设备主要技术参数

升级设备的技术参数见表 4-16。

表 4-16　实验升级设备结构参数

设备	规格型号	设备	规格型号
实验内管内径 d_i/mm	26	节距 H/mm	40
实验内管外径 d_o/mm	30	文丘里流量计	C_0=0.995，d_0=17.17 m
实验外管内径 D_i/mm	72	旋涡气泵	风压 27kPa，风量 210m³/h，2200W
实验外管外径 D_o/mm	76	热电阻传感器	Pt100
测量段（紫铜内管）长度 L/m	1.38	压差传感器	PDI01～PDI03：0～10kPa
外保温层直径 ϕ	114mm×1.5mm	压力传感器	PI01：0～50kPa；PIC01：0～10kPa；PI02：0～10kPa

五、实验方法及步骤

1. 传统设备

（1）实验前的准备、检查工作

① 向储水罐中加水至液位计上端处。

② 检查空气流量旁路调节阀是否全开。

③ 检查蒸汽管支路各控制阀是否已打开，保证蒸汽和空气管线的畅通。

④ 接通电源总闸，设定加热电压，启动电加热器开关，开始加热。

（2）实验开始

① 关闭通向强化套管的阀门 13，打开通向光滑套管的阀门 10，当光滑套管换热器的放空口 3 有水蒸气冒出时，可启动旋涡气泵，此时要关闭阀门 6，打开阀门 1。在整个实验过程中始终保持换热器出口处有水蒸气冒出。

② 启动旋涡气泵后用放空阀 14 来调节流量，调好某一流量后稳定 3～5min，分别测量空气的流量，空气进、出口的温度及壁面温度。然后，改变流量测量下一组数据。一般从小流量到最大流量之间要测量 5～6 组数据。

③ 做完光滑套管换热器的数据后，要进行强化管换热器实验。先打开蒸汽支路阀 13，

全部打开空气旁路阀 14，关闭蒸汽支路阀 10，打开空气支路阀 6，关闭空气支路阀 1，进行强化管传热实验。实验方法同步骤②。

（3）实验结束

依次关闭加热电源、旋涡气泵和总电源，将设备复原到初始状态。

2. 升级设备

（1）实验前的准备、检查工作

① 检查水位：通过蒸汽发生器液位计观察蒸汽发生器内水位是否处于液位计的 50%～80%，少于 50% 需要补充蒸馏水；此时需开启 VA13，通过加水口补充蒸馏水。

② 检查电源：检查装置外供电是否正常供电（空开是否闭合等情况）；检查装置控制柜内空开是否闭合（首次操作时需要检查，建议控制柜空开可以长期闭合，不要经常开启控制柜）。

③ 点击装置控制柜上面"总电源"和"控制电源"按钮，打开触控一体机，检查触摸屏上温度、压力等测点是否显示正常，是否有坏点或者显示不正常的点。

④ 检查阀门：启动旋涡气泵前，确保风机管路出口阀门处于开启状态。

（2）实验开始

启动触摸屏面板上"蒸汽发生器控制"按钮，点击启动，点击自动，SV 设置为 2kPa。待 TI06≥90℃时，点击"循环气泵"按钮，设置转速 2850r/min，点击启动，调节波纹管、光滑管进气球阀 VA01、VA05 开度，使波纹管、光滑管的文丘里流量计压差传感器示数 PDI01、PDI02 基本一致，后关闭旋涡气泵。

当换热管壁温 TI12、TI22、TI32≥98℃时，点击"循环气泵"启动气泵开关，设置转速 800r/min，等待不同换热管出口温度点 TI11、TI21、TI31 稳定约 5min 不变后，点击触摸屏"记录数据"，即可同时记录不同换热管的实验数据。

后调节气泵转速，每次增加转速 300r/min，依次记录 7 组实验数据。实验结束，查看数据处理结果。

（3）实验结束

实验结束时，点击蒸汽发生器按钮，关闭电加热。点击旋涡气泵按钮关闭循环气泵电源，点击退出系统，操控终端关机，关闭控制电源，关闭总电源。

实验结束如长期不使用需放净蒸汽发生器和液封中的水。

六、实验注意事项

1. 每组实验前应检查蒸汽发生器内的水位是否在正常范围，水位过低或无水，电加热会烧坏。电加热是湿式电加热，严禁干烧。

2. 必须保证蒸汽上升管路的畅通。即在给蒸汽加热釜电压之前，两蒸汽支路阀门之一必须全开。在转换支路时，应先开启需要的支路阀，再关闭另一侧，且开启和关闭阀门必须缓慢，防止管线截断或蒸汽压力过大突然喷出。

3. 必须保证空气管线的畅通。即在接通旋涡气泵电源之前，两个空气支路控制阀之一和旁路调节阀必须全开。在转换支路时，应先关闭旋涡气泵电源，然后开启和关闭支路阀。

4. 调节流量后，应稳定 3～8min 后读取实验数据。

5. 实验中保持上升蒸汽量的稳定，不应改变加热电压，且保证蒸汽放空口一直有蒸汽放出。

七、实验数据记录表及实验报告要求

1. 以传统设备普通传热套管为例的实验数据记录和处理表见表 4-17。

2. 将实验数据和计算结果列在数据表格中，并以一组数据进行计算举例。

3. 在同一双对数坐标系中绘制普通管和强化管的 Nu-Re 的关系图。

4. 计算强化和普通传热套管的传热强化比 Nu/Nu_0。

表 4-17 普通管传热实验数据记录和处理表

装置编号	普 通 管					
序号	1	2	3	4	5	6
孔板流量计压差/kPa						
t_1/℃						
ρ_{t_1}/(kg/m³)						
t_2/℃						
t_w/℃						
$\dfrac{t_1+t_2}{2}$/℃						
$\rho_{空气}$/(kg/m³)						
λ_m/(100×W/m·℃)						
c_{pm}/(W/kg·℃)						
μ_m/10⁻⁴Pa·s						
(t_2-t_1)/℃						
Δt_m/℃						
V_{t_1}/(m³/h)						
V_m/(m³/h)						
u/(m/s)						
Q/W						
α_i/(W/m²·℃)						
$Re×10^{-4}$						
Nu						
$Nu/(Pr^{0.4})$						

八、思考题

1. 本实验中水蒸气和空气各自走管内还是管间？强化传热的螺旋线圈放置于管内还是管间？为什么？

2. 实验结束应当先关闭旋涡气泵还是先关蒸汽加热按钮？为什么？

3. 实验结束，为了能尽快地让设备冷却，你能想出什么方法？

实验六　精馏实验

一、实验目的

1．熟悉板式精馏塔的结构、流程及各部件的结构作用。

2．了解精馏塔的正确操作，学会正确处理各种异常情况。

3．了解精馏过程的主要设备、主要测量点和操作控制点，学会正确使用仪表测量实验数据，学会用阿贝折射仪测定样品浓度的方法。

4．根据实验任务要求设计精馏塔操作步骤，完成精馏塔开车操作，调节操作参数，完成分离任务。

5．学会识别精馏塔内出现的几种操作状态，并分析这些操作状态对塔性能的影响。

二、实验内容

1．测定精馏塔在全回流条件下，稳定操作后的全塔理论塔板数和总板效率。

2．测定精馏塔在部分回流条件下，稳定操作后的全塔理论塔板数和总板效率。

3．在连续精馏操作条件下，将塔顶采出乙醇质量分率提高到 80% 以上，并且塔顶采出料在 40min 内大于 500mL。

三、实验原理

蒸馏技术利用液体混合物中各组分的挥发度不同而达到分离目的。此项技术现已广泛应用于石油、化工、食品加工及其他领域，其主要目的是将混合液进行分离。根据料液分离的难易、分离的纯度，此项技术又可分为一般蒸馏、普通精馏及特殊精馏等。

对于二元物系，如已知其汽液平衡数据，则根据精馏塔的原料液组成、进料热状况、操作回流比、塔顶馏出液组成及塔底釜液组成可以求出该塔的理论塔板数 N_T。

$$E_T = \frac{N_T}{N_P} \times 100\% \qquad (4\text{-}34)$$

式中，E_T 为总板效率；N_P 为实际塔板数。

部分回流时，进料热状况参数的计算式为：

$$q = \frac{c_{pm}(t_{BP} - t_F) + r_m}{r_m} \qquad (4\text{-}35)$$

式中，t_F 为进料温度，℃；t_{BP} 为进料的泡点温度，℃；c_{pm} 为进料液体在平均温度 $(t_F+t_P)/2$ 下的比热容，kJ/（kmol·℃）；r_m 为进料液体在其组成和泡点温度下的汽化潜热，kJ/kmol。其中：

$$c_{pm} = c_{p1}M_1x_1 + c_{p2}M_2x_2 \qquad (4\text{-}36)$$

$$r_m = r_1M_1x_1 + r_2M_2x_2 \qquad (4\text{-}37)$$

$$t_b = 9.1389x_F^2 - 27.861x_F + 97.359 \qquad (4\text{-}38)$$

式中，c_{p1}，c_{p2} 分别为纯组分 1 和组分 2 在平均温度下的比热容，kJ/（kg·℃）；r_1，r_2 分别为纯组分 1 和组分 2 在泡点温度下的汽化潜热，kJ/kg；M_1，M_2 分别为纯组分 1 和组分 2 的摩尔质量，kJ/kmol；x_1，x_2 分别为纯组分 1 和组分 2 在进料中的摩尔分数。

四、实验装置基本情况

1. 传统设备

（1）实验流程

实验传统设备流程示意图如图 4-18 所示。

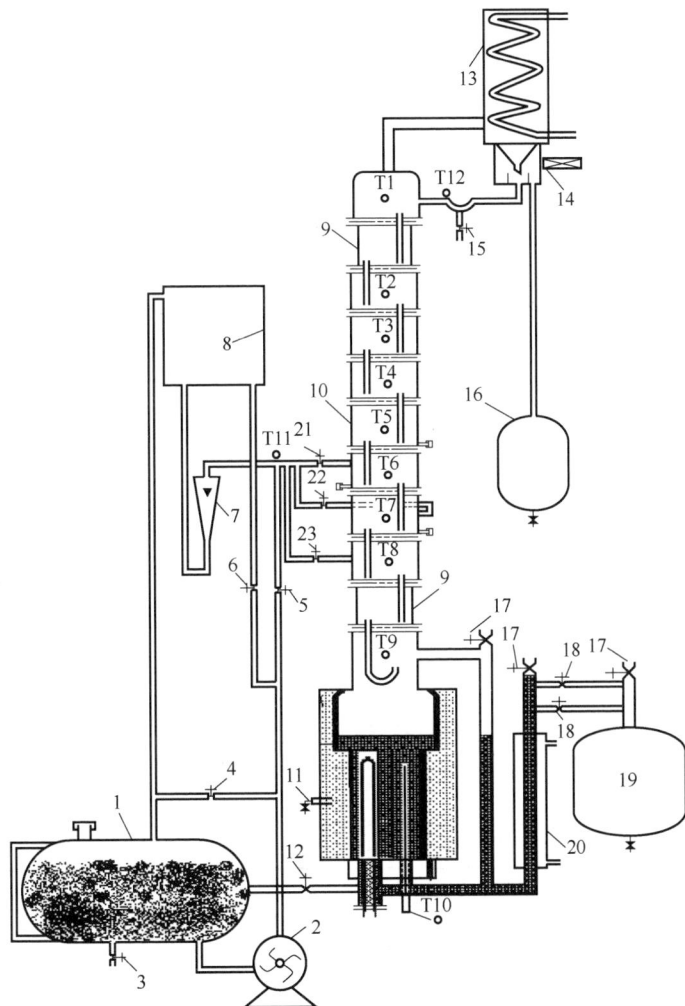

图 4-18　精馏实验装置流程图

1—储料罐；2—进料泵；3—放料阀；4—料液循环阀；5—直接进料阀；6—间接进料阀；7—流量计；8—高位槽；
9—玻璃观察段；10—精馏塔；11—塔釜取样阀；12—釜液放空阀；13—塔顶冷凝器；14—回流比控制器；
15—塔顶取样阀；16—塔顶液回收罐；17—放空阀；18—塔釜出料阀；19—塔釜储料罐；20—塔釜冷凝器；
21—第六块板进料阀；22—第七块板进料阀；23—第八块板进料阀；T1～T12—温度测点

（2）实验设备主要参数

精馏实验传统设备结构参数见表4-18。

表4-18　精馏实验传统设备结构参数

名称	直径	高度/mm	板间距/mm	板数/块	板型、孔径/mm	降液管	材质
塔体	ϕ57mm×3.5mm	100	100	10	筛板 2.0	ϕ8mm×1.5mm	不锈钢
塔釜	ϕ100mm×2mm	300					不锈钢
塔顶冷凝器	ϕ57mm×3.5mm	300					不锈钢
塔釜冷凝器	ϕ57mm×3.5mm	300					不锈钢

（3）实验仪器及试剂

① 实验物系：乙醇-正丙醇。

② 实验物系纯度要求：化学纯或分析纯。

③ 实验物系平衡关系见表4-19。

表4-19　乙醇-正丙醇 t-x-y 关系

t	97.60	93.85	92.66	91.60	88.32	86.25	84.98	84.13	83.06	80.50	78.38
x	0	0.126	0.188	0.210	0.358	0.461	0.546	0.600	0.663	0.884	1.0
y	0	0.240	0.318	0.349	0.550	0.650	0.711	0.760	0.799	0.914	1.0

注：乙醇沸点为78.3℃；正丙醇沸点为97.2℃。

④ 实验物系浓度要求 15%～25%（乙醇质量分数），浓度分析使用阿贝折射仪，折射率与溶液浓度的关系见表4-20。

表4-20　温度-折射率-液相组成（质量分数）之间的关系

质量分数	0	0.05052	0.09985	0.1974	0.2950	0.3977	0.4970	0.5990
25℃	1.3827	1.3815	1.3797	1.3770	1.3750	1.3730	1.3705	1.3680
30℃	1.3809	1.3796	1.3784	1.3759	1.3755	1.3712	1.3690	1.3668
35℃	1.3790	1.3775	1.3762	1.3740	1.3719	1.3692	1.3670	1.3650
质量分数	0.6445	0.7101	0.7983	0.8442	0.9064	0.9509	1.000	
25℃	1.3607	1.3658	1.3640	1.3628	1.3618	1.3606	1.3589	
30℃	1.3657	1.3640	1.3620	1.3607	1.3593	1.3584	1.3574	
35℃	1.3634	1.3620	1.3600	1.3590	1.3573	1.3653	1.3551	

30℃下质量分数与阿贝折射仪读数之间关系也可按下列回归式计算：

$$W = 58.844116 - 42.61325 \times n_D \qquad (4\text{-}39)$$

式中，W 为乙醇的质量分数；n_D 为折光仪读数（折射率）。

通过质量分数求出摩尔分率（X_A），公式如式（4-40）所示。

$$X_A = \frac{(W_A / M_A)}{(W_A / M_A) + [1 - (W_A)] / M_B} \qquad (4\text{-}40)$$

式中，M_A 为乙醇分子量，46；M_B 为正丙醇分子量，60。

（4）实验设备面板

实验设备面板如图 4-19 所示。

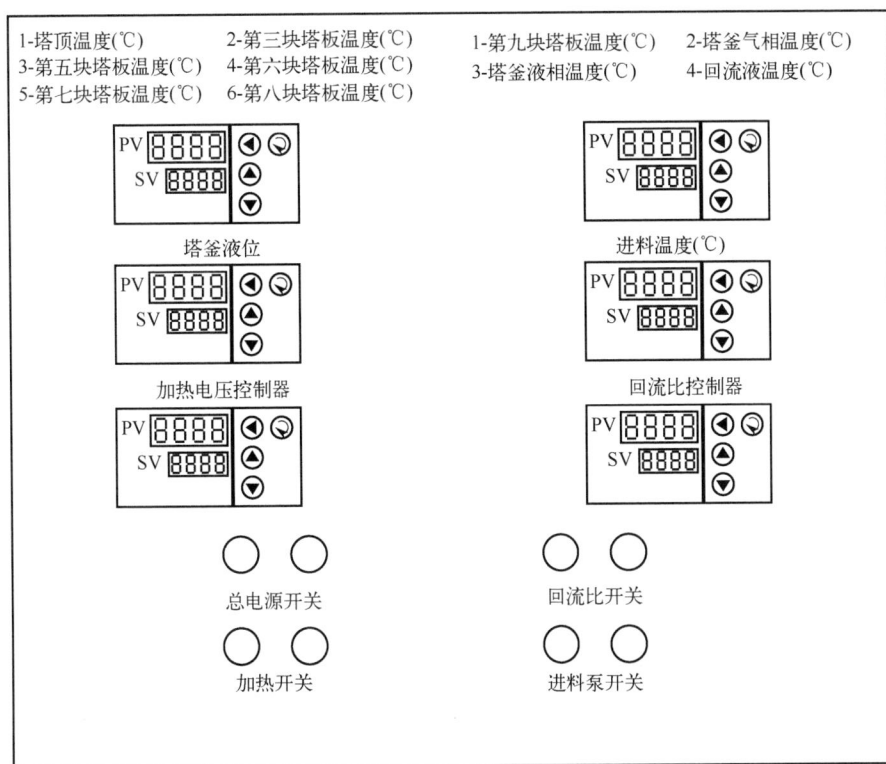

图 4-19 精馏设备仪表面板图

2. 升级设备

（1）实验流程

实验升级设备流程如图 4-20 所示。

进料：进料泵从原料罐内抽出原料液，经过进料转子流量计后由塔体中间进料口进入塔体。

塔顶出料：塔内蒸汽上升至冷凝器，蒸汽走壳程，冷却水走管程，蒸汽冷凝成液体，流入馏分器，经回流泵后分为两路，一路经回流转子流量计回流至塔内，另一路经塔顶采出转子流量计流入塔顶产品罐。

塔釜出料：塔釜液经溢流流入塔釜产品罐。

循环冷却水：冷却水来自制冷循环泵，经冷却水流量调节阀 VA21 控制，转子流量计计量，流入冷凝器，冷却水走管程，蒸汽走壳程，热交换后冷却水循环返回制冷循环泵。

（2）实验设备仪表参数

精馏塔：塔内径 D=68 mm，塔内采用筛板及圆形降液管，共有 12 块板，普通段塔板间距 H_T=100mm，进料段塔板间距 H_T=150mm，视盅段塔板间距 H_T=70mm。塔板：筛板开孔 d=2.8mm，筛孔数 N=40 个，开孔率 9.44%。

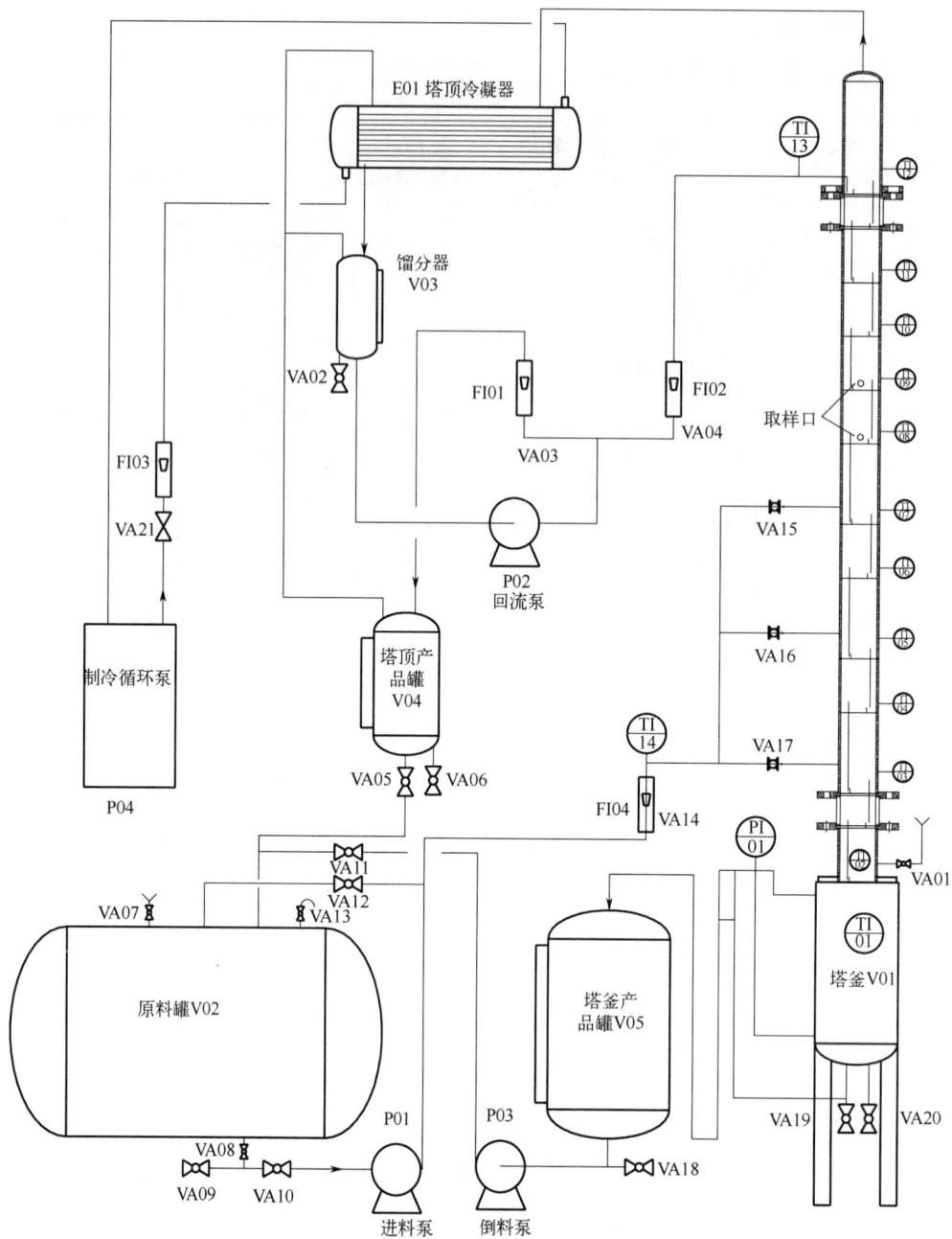

图 4-20 筛板精馏实验流程图

阀门：VA01—塔釜加料阀；VA02—馏分器取样阀；VA03—塔顶采出流量调节阀；VA04—塔回流量调节阀；VA05—塔顶产品罐放料阀；VA06—塔顶产品罐取样阀；VA07—原料罐加料阀；VA08—原料罐放料阀；VA09—原料罐取样阀；VA10—原料罐出料阀；VA11—塔釜产品倒料阀；VA12—原料罐循环搅拌阀；VA13—原料罐放空阀；VA14—进料流量调节阀；VA15—塔体进料阀1；V16—塔体进料阀2；VA17—塔体进料阀3；VA18—塔釜产品罐取样阀；VA19—塔釜放净阀；VA20—塔釜取样阀；VA21—冷却水流量调节阀

温度：TI01—塔釜温度；TI02—塔身下段温度1；TI03—进料段温度1；TI04—塔身下段温度2；TI05—进料段温度2；TI06—塔身中段温度；TI07—进料段温度3；TI08—塔身上段温度1；TI09—塔身上段温度2；TI10—塔身上段温度3；TI11—塔身上段温度4；TI12—塔顶温度；TI13—回流温度；TI14—进料温度

压力：PI01—塔釜压力

流量：FI01—塔顶采出流量计；FI02—回流流量计；FI03—冷却水流量计；FI04—进料流量计

进料泵、回流泵：蠕动泵，共有高、低、中速三个运行模式，为保证后端流量计示数稳定，一般选择"中速"或"高速"模式运行。

倒料泵：磁力泵，流量 7L/min，扬程 4m。

进料流量计：10～100mL/min。

回流流量计：25～250mL/min。

塔顶采出流量计：2.5～25mL/min。

冷却水流量：1～11L/min。

总加热功率：4.5kW。

压力传感器：0～10kPa。

温度传感器：Pt100，直径 3mm。

五、实验方法及步骤

1. 传统设备

（1）实验前检查准备工作

① 将与阿贝折射仪配套使用的超级恒温水浴（阿贝折射仪和超级恒温水浴用户自备）调整运行到所需的温度（30℃），并记录这个温度。将取样用注射器和镜头纸备好。

② 检查实验装置上的各个旋塞、阀门，均应处于关闭状态。

③ 配制一定浓度（质量分数 20%左右）的乙醇-正丙醇混合液（总容量 15L 左右），倒入储料罐。

④ 打开直接进料阀门和进料泵开关，向精馏釜内加料到指定高度（冷液面在塔釜总高 2/3 处），而后关闭进料阀门和进料泵。

（2）全回流操作

① 打开塔顶冷凝器进水阀门，保证冷却水足量。

② 记录室温。接通总电源开关。

③ 调节加热电压约为 130V，待塔板上建立液层后再适当加大电压，使塔内维持正常操作。当塔釜液体温度达到 60℃时，开始每间隔 10min，记录一次塔内温度。

④ 随时观察塔内传质情况，直至塔板上鼓泡均匀且全塔各位置温度保持稳定（塔顶温度不变）。然后分别在塔顶、塔釜取样口用 50mL 三角瓶同时取样，通过阿贝折射仪分析样品浓度。

（3）部分回流操作

① 打开间接进料阀门和进料泵，调节转子流量计，以 2.0L/h 的流量向塔内加料，维持进料流量计读数不变。用回流比控制调节器调节回流比为 $R=4$。馏出液收集在塔顶液回收罐中。

② 每间隔 10min 记下塔内温度数据，并观察塔板上传质状况，记录下进塔原料液的温度。

③ 塔釜产品经冷却后由溢流管流出，收集在塔釜产品储罐内。待传质状况和全塔各温度再次稳定后，分别在塔顶、塔釜和进料三处取样，用阿贝折射仪分析浓度，并记录下塔顶出料体积等。

（4）计算机操作

① 将计算机和设备用数据线相连接，打开设备总电源，打开计算机。

② 找到精馏程序图标 ▦，双击进入应用程序主界面，单击左键进入主控制界面。

在主控制界面中可以控制加热电压开关、进料泵开关、回流比开关，设置加热电压和回流比数值并查看温度曲线。

（5）实验结束

① 记录好实验数据并检查无误后可停止实验，此时关闭进料阀门和加热开关，关闭回流比调节器开关。

② 停止加热 20min 后，再关闭冷却水，一切复原。

③ 计算机端数据全部记录完毕后，将其关闭。

根据物系的 t-x-y 关系，确定部分回流下进料的泡点温度并进行数据处理。

2. 升级设备

（1）开车（全回流操作）

① 开启装置电源、控制电源，启动触摸屏。

② 配好约 30%（体积分数）的乙醇-水溶液作为原料液，分析出实际浓度，加入原料罐。同时开启原料泵和循环搅拌阀 VA12 使原料混合均匀。

③ 打开塔釜加料阀，在塔釜加入 20%～30%（体积分数）的原料乙醇-水溶液，釜液位与塔釜出料口持平（也可低于出料口，但液位过低时电加热无法启动）。

④ 打开塔顶冷凝器进水阀 VA21 至最大，流量约 7L/min。

⑤ 点击监控界面"塔釜加热器"，点击上电，设置压力 SV 为 0.7kPa，点击自动模式，点击运行，报警上限设为 1～1.5kPa，启动塔釜加热器，塔釜液沸腾后，馏分器 V03 中有液体出现。

⑥ 当馏分器 V03 液位上升至中部时，启动回流泵，调节蠕动泵转速为 60r/min，微调回流流量调节阀 VA04，使回流流量与冷凝量保持一致，确保馏分器内的液位高度保持不变，进行全回流操作。

⑦ 待塔板上鼓泡均匀且全塔各位置温度保持稳定（塔顶温度不变）。然后分别在塔顶、塔釜取样，通过酒度计测得乙醇浓度。

（2）正常生产（部分回流操作）

① 打开加料泵，调节蠕动泵转速在 60r/min，调节转子流量计旋钮将加料流量调至约 60mL/min，读取进料的温度。

② 调节塔顶采出流量调节阀 VA03 进行部分回流操作，一般情况下回流比 R 控制在 4～8 的范围内（可根据实际情况决定），以保持馏分器液位不变为准。

③ 待塔顶温度再次不变后操作才算稳定，再次从塔顶、塔釜、进料取样检测浓度，记录相关数据。

（3）非正常操作（非正常操作种类，选做）

① 回流比过小（塔顶采出量过大）引起的塔顶产品浓度降低。

② 进料量过大，引起降液管液泛。

③ 加热电压过低，容易引起塔板漏液。

④ 加热电压过大，容易引起塔板过量雾沫夹带甚至液泛。

（4）软件操作说明

① 打开原料罐 V02 放空阀 VA13、原料罐 V02 加料阀 VA07，通过加料阀 VA07 向原料罐中加入 15L 原料液，加料完成，关闭原料罐 V02 加料阀 VA07，打开循环搅拌阀 VA12，同时点击监控界面进料泵按钮，设置转速约 50r/min，循环约 2min，使原料混合均匀，如图 4-21 所示，后点击监控界面进料泵按钮，停止进料泵，关闭原料罐循环搅拌阀 VA12。

② 打开塔釜 V01 加料阀 VA01，通过加料阀 VA01 向塔釜加入 10%（体积分数）的乙醇水溶液，当塔釜液位与塔釜出料口持平时，加料完毕，关闭塔釜 V01 加料阀 VA01。

③ 点击监控界面"制冷泵"按钮，启动制冷循环泵 P04，如图 4-22 所示，设置制冷循环泵 P04 制冷循环温度为 10℃，开启制冷循环泵 P04 循环功能，开启制冷循环泵 P04 制冷功能。

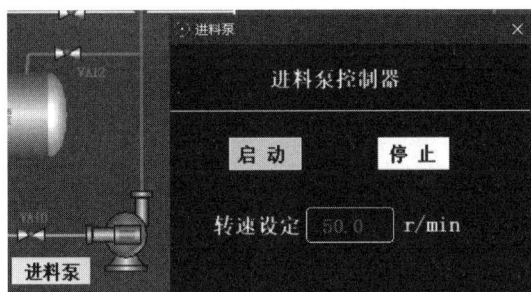

图 4-21　进料泵控制器操作页面

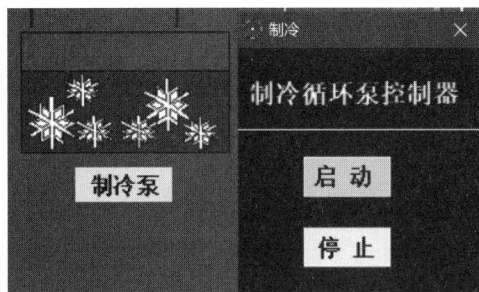

图 4-22　制冷循环泵控制器操作页面

④ 调节转子流量计 FI03 冷却循环水流量调节阀 VA21，使冷却水转子流量计 FI03 示数至最大约为 7L/min。

⑤ 点击监控界面"塔釜加热器"，点击上电，设置压力 SV 为 0.7kPa，点击自动模式，点击运行，点击上电，报警上限设为 1～1.5kPa，启动塔釜加热器，如图 4-23 所示，塔釜液沸腾后，馏分器 V03 中有液体出现。

⑥ 当馏分器 V03 液位上升至中部时，点击监控界面"回流泵"按钮，点击启动，如图 4-24 所示，调节转子流量计 FI02 塔顶回流流量调节阀 VA04，使回流流量计 FI02 示数维持在 80～150mL/min，稳定馏分器 V03 液位高度恒定。

⑦ 维持全回流 30min 左右后，打开原料罐 V02 取样阀 VA09，取样分析样品浓度，后打开原料罐 V02 放料阀 VA08，塔体进料阀 1-VA15，点击监控界面"进料泵"按钮，点击启动，设置转速约 50r/min，如图 4-21 所示，调节转子流量计 FI04 进料流量调节阀 VA14，使进料流量计 FI04 示数为 60mL/min，调节转子流量计 FI01 塔顶采出流量调节阀

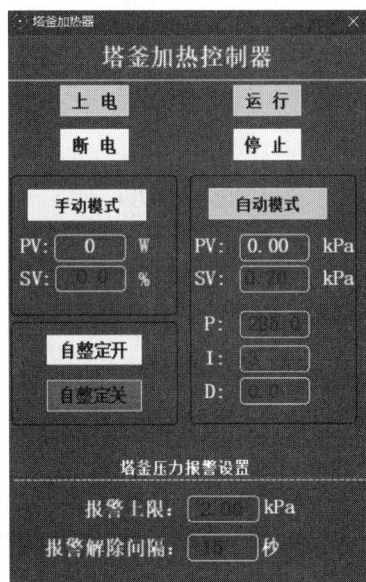

图 4-23　塔釜加热控制器操作页面

VA03，使塔顶采出流量计 FI01 示数为 20mL/min。

⑧ 待流量和温度稳定后，分别读取塔顶温度 TI12、塔釜温度 TI01、进料温度 TI14 的示数，打开塔顶产品罐 V04 取样阀 VA06、塔釜 V01 取样阀 VA20，取样分析样品浓度。

⑨ 实验结束时，点击监控界面"进料泵"按钮，点击停止。关闭转子流量计 FI04 进料流量调节阀 VA14，点击"塔釜加热器按钮"，点击停止压力调节模式，点击断电，停止塔釜加热器，如图 4-25 所示。关闭转子流量计 FI01 塔顶采出流量调节阀 VA03，维持全回流状态约 5min 后，点击监控界面"回流泵"按钮，点击停止，关闭转子流量计 FI02 塔顶回流流量调节阀 VA04，待视窗内塔板上无汽液时，关闭"制冷循环泵"电源，点击监控界面"制冷泵"按钮，停止制冷循环泵 P04，关闭转子流量计 FI03 冷却循环水流量调节阀 VA21。关闭全部阀门点击退出系统，操控终端关机；关闭控制电源，关闭总电源。

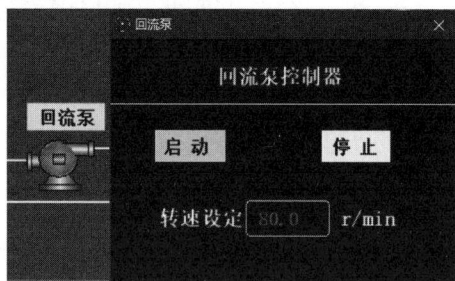

图 4-24　回流泵控制器操作页面　　　图 4-25　塔釜加热控制器操作页面

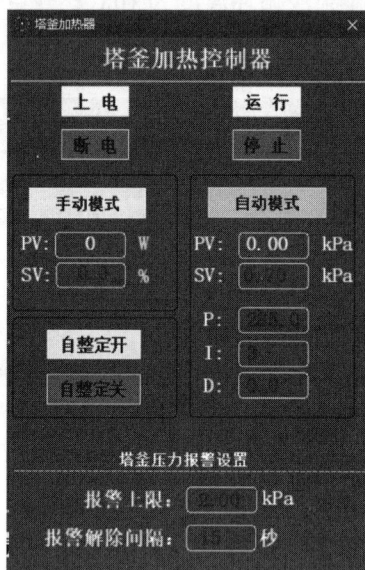

六、实验注意事项

1. 由于实验所用物系属易燃物品，所以实验中要特别注意安全，操作过程中避免洒落以免发生危险。

2. 每组实验前应观察塔釜液位是否合适，液位过低或无液，电加热管会烧坏。因为电加热管是湿式，必须在塔釜有足够液体时（必须掩埋住电加热管）才能启动电加热，否则，会烧坏电加热管，因此，严禁塔釜干烧。

3. 本实验设备加热功率由仪表自动调节，注意加热升温要缓慢，以免发生过冷沸腾使釜液从塔顶冲出。若出现此现象应立即断电，重新操作。升温和正常操作过程中釜的电功率不能过大。

4. 开车时要先接通冷却水再向塔釜供热，停车时操作反之。

5. 塔釜出料操作时，应紧密观察塔釜液位，防止液位过高或过低。严禁无人看守塔釜放料操作。

6. 检测浓度使用阿贝折射仪。读取折射率时，一定要同时记录测量温度并按给定的温度-折射率-液相组成关系（见表 4-20）测定相关数据。

7. 为便于对全回流和部分回流的实验结果（塔顶产品质量）进行比较，应尽量使两组实验的加热电压及所用料液浓度相同或相近。连续开展实验时，应将前一次实验时留存在塔釜、塔顶、塔底产品接收器内的料液倒回原料液储罐中循环使用。

七、实验数据记录表及实验报告要求

1. 实验数据记录表

以传统设备为例，实验数据记录表如表 4-21 和表 4-22 所示。

表 4-21 全回流数据记录表

塔顶浓度折射率：			测量温度：						塔釜浓度折射率：		测量温度：	
操作时间/min	加热电压/V	进料温度/℃	塔顶温度/℃	塔内温度/℃						塔釜温度/℃	塔釜压力/kPa	回流液温度/℃	观察现象
				三	四	五	六	七	八				

表 4-22 部分回流数据记录表

塔顶浓度折射率：	测量温度：	塔顶产品体积：	塔釜浓度折射率：		测量温度：		进料浓度折射率：		测量温度：	
操作时间/min	加热电压/V	进料温度/℃	塔顶温度/℃	塔内温度/℃						塔釜温度/℃	塔釜压力/kPa	回流液温度/℃	观察现象
				三	四	五	六	七	八				

2. 画出全回流和部分回流条件下，塔顶温度随时间的变化曲线。

3. 画出全回流和部分回流稳定操作条件下，塔体内温度沿塔高的分布曲线。

4. 计算出全回流和部分回流条件下的总板效率并写出全部计算过程。

八、思考题

1. 阿贝折射仪为什么要配套超级恒温水浴一起使用？

2. 什么是全回流，全回流在精馏操作中的作用是什么？

3. 为什么全塔温度稳定的标志是塔顶温度的稳定？

4. 如果部分回流时塔釜突然停止加热，可能的原因是什么？如何解决？

5. 全回流和部分回流的采样点有哪些不同，为什么？

6. 如果需要增加塔顶和塔釜产品的纯度，可采取哪些措施？

实验七　二氧化碳吸收与解吸实验

一、实验目的

1. 了解吸收与解吸装置的设备结构、流程和操作。
2. 学会填料吸收塔流体力学性能的测定方法；了解影响填料塔流体力学性能的因素。
3. 学习填料吸收塔传质能力和传质效率的测定方法。
4. 设计实验方案完成指定分离任务，掌握如何根据实验结果调整操作参数以优化吸收塔的性能。

二、实验内容

1. 测定填料层压降与操作气速的关系，确定填料塔在一定液体喷淋量下的液泛气速。
2. 固定液相流量和入塔混合气的浓度，在液泛速率以下取两个相差较大的气相流量，分别测量塔的传质能力（传质单元数和回收率）和传质效率（传质单元高度和体积吸收总系数）。
3. 设计实验确定吸收剂流量对传质效果的影响，探究喷淋密度应如何选择。

三、实验原理

1. 填料塔流体力学性能测定实验

气体在填料层内的流动一般处于湍流状态。在干填料层内，气体通过填料层的压降与流速（或风量）成正比。

当气-液两相逆流流动时，液膜占去了一部分气体流动的空间。在相同的气体流量下，填料空隙间的实际气速有所增加，压降也有所增加。同理，在气体流量相同的情况下，液体流量越大，液膜越厚，填料空间越小，压降也越大。因此，当气-液两相逆流流动时，气体通过填料层的压降要比干填料层大。

当气-液两相逆流流动时，低气速操作时，膜厚随气速变化不大，液膜增厚所造成的附加压降并不显著。此时压降曲线基本与干填料层的压降曲线平行。当气速再提高到一定值时，由于液膜增厚对压降影响显著，此时压降曲线开始变陡，这些点称为载点。不难看出，载点的位置不是十分明确的，但它提示人们，自载点开始，气-液两相流动的交互影响已不容忽视。

自载点以后，气-液两相的交互作用越来越强，当气-液流量达到一定值时，两相的交互作用恶性发展，将出现液泛现象，在压降曲线上压降急剧升高，此点称为泛点。

吸收塔中填料的作用主要是增加气-液两相的接触面积，而气体在通过填料层时，由于有局部阻力和摩擦阻力而产生压降。压降是塔设计中的重要参数，气体通过填料层压降的大小决定了塔的动力消耗。压降与气、液流量有关，不同液体喷淋量下填料层的压降 Δp 与气速 u 的关系如图 4-26 所示。

风速计算：

$$u = \frac{V}{A} \qquad (4\text{-}41)$$

式中，u 为风速，m/s；V 为空气流量，m^3/h；A 为填料塔截面积，m^2。其中 $A = \left(\frac{1}{2}a\right)^2 \pi$，$a$ 为填料塔内径，取 $a = 0.1m$。

当无液体喷淋即喷淋量 $L_0 = 0$ 时，干填料的 $\Delta p\text{-}u$ 的关系是直线，如图中的直线 0。当有一定的喷淋量时，$\Delta p\text{-}u$ 的关系变成折线，并存在两个转折点，下转折点称为"载点"，上转折点称为"泛点"。这两个转折点将 $\Delta p\text{-}u$ 关系分为三个区段：恒持液量区、载液区与液泛区。

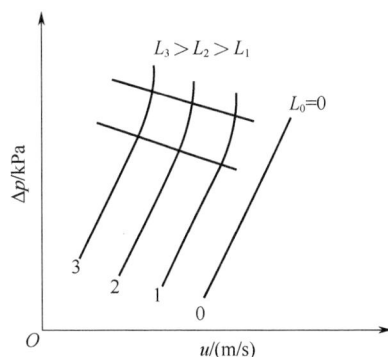

图 4-26 填料层的 $\Delta p\text{-}u$ 的关系

本实验采用给定水量恒定时，测出不同风量下的压降。

2. 传质性能

吸收系数是决定吸收过程速率高低的重要参数，而实验测定是获取吸收系数的根本途径。对于相同的物系及一定的设备（填料类型与尺寸固定），吸收系数将随着操作条件及气-液接触状况的不同而变化。

根据双膜模型的基本假设，气侧和液侧的吸收质 A 的传质速率方程可分别表达为：

$$气膜 \quad G_A = k_G A (p_A - p_{Ai}) \qquad (4\text{-}42)$$

$$液膜 \quad G_A = k_L A (c_{Ai} - c_A) \qquad (4\text{-}43)$$

式中，G_A 为 A 组分的传质速率，kmol/s；A 为两相接触面积，m^2；p_A 为气侧 A 组分的平均分压，Pa；p_{Ai} 为相界面上 A 组分的平均分压，Pa；c_A 为液侧 A 组分的平均浓度，$kmol/m^3$；c_{Ai} 为相界面上 A 组分的平均浓度，$kmol/m^3$；k_G 为以分压表达推动力的气侧传质膜系数，$kmol/(m^2 \cdot s \cdot Pa)$；$k_L$ 为以物质的量浓度表达推动力的液侧传质膜系数，m/s。

以气相分压或以液相浓度表示传质过程推动力的相际传质速率方程又可分别表达为：

$$气相 \quad G_A = K_G A (p_A - p_A^*) \qquad (4\text{-}44)$$

$$液相 \quad G_A = K_L A (c_A^* - c_A) \qquad (4\text{-}45)$$

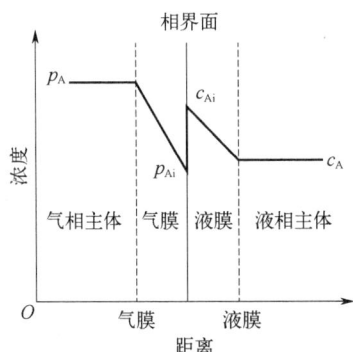

图 4-27 双膜模型的浓度分布图

式中，p_A^* 为液相中 A 组分的实际浓度所要求的气相平衡分压，Pa；c_A^* 为气相中 A 组分的实际分压所要求的液相平衡浓度，$kmol/m^3$；K_G 为以气相分压表示推动力的总传质系数，简称为气相传质总系数，$kmol/(m^2 \cdot s \cdot Pa)$；$K_L$ 为以液相浓度表示推动力的总传质系数，简称为液相传质总系数，m/s。双膜模型的浓度分布图如图 4-27 所示。

若气液相平衡关系遵循亨利定律 $c_A = Hp_A$，则：

$$\frac{1}{K_G} = \frac{1}{k_g} + \frac{1}{HK_l} \qquad (4\text{-}46)$$

$$\frac{1}{K_L} = \frac{H}{k_g} + \frac{1}{k_l} \qquad (4\text{-}47)$$

当气膜阻力远大于液膜阻力时，相际传质过程受气膜传质速率控制，此时，$K_G = k_g$；反之，当液膜阻力远大于气膜阻力时，相际传质过程受液膜传质速率控制，此时，$K_L = k_l$。

如图 4-28 所示，在逆流接触的填料层内，任意截取一微分段，并以此为衡算系统，则由吸收质 A 的物料衡算可得：

$$dG_A = \frac{F_L}{\rho_L} dc_A \qquad (4\text{-}48)$$

式中，F_L 为液相摩尔流率，kmol/s；ρ_L 为液相摩尔密度，kmol/m³。

根据传质速率基本方程式，可写出该微分段的传质速率微分方程：

$$dG_A = K_L(c_A^* - c_A)aSdh \qquad (4\text{-}49)$$

联立式（4-48）、式（4-49）可得：

$$dh = \frac{F_L}{K_L aS\rho_L} \times \frac{dc_A}{c_A^* - c_A} \qquad (4\text{-}50)$$

式中，a 为气-液两相接触的比表面积，m²/m³；S 为填料塔的横截面积，m²。

本实验采用水吸收二氧化碳，且已知二氧化碳在常温常压下溶解度较小，因此，液相摩尔流率 F_L 和摩尔密度 ρ_L 的比值，即液相体积流率 V_{sL} 可视为定值，且设总传质系数 K_L 和两相接触比表面积 a 在整个填料层内为一定值，则按 $h = 0$，$c_A = c_{A2}$；$h = h$，$c_A = c_{A1}$ 边界条件积分式（4-50），可得填料层高度的计算公式：

$$h = \frac{V_{sL}}{K_L aS} \int_{c_{A2}}^{c_{A1}} \frac{dc_A}{c_A^* - c_A} \qquad (4\text{-}51)$$

令 $H_L = \dfrac{V_{sL}}{K_L aS}$，且称 H_L 为液相传质单元高度（HTU）；$N_L = \displaystyle\int_{c_{A2}}^{c_{A1}} \frac{dc_A}{c_A^* - c_A}$，且称 N_L 为液相传质单元数（NTU）。因此，填料层高度为传质单元高度与传质单元数的乘积，即

$$h = H_L \times N_L \qquad (4\text{-}52)$$

若气-液平衡关系遵循亨利定律，即平衡曲线为直线，则式（4-51）为可用解析法解得填料层高度的计算式，即可采用下列平均推动力法计算填料层的高度或液相传质单元高度：

$$h = \frac{V_{sL}}{K_L aS} \times \frac{c_{A1} - c_{A2}}{\Delta c_{Am}} \qquad (4\text{-}53)$$

$$N_L = \frac{h}{H_L} = \frac{h}{V_{sL}/K_L \alpha S} \qquad (4\text{-}54)$$

式中，Δc_{Am} 为液相平均推动力，即

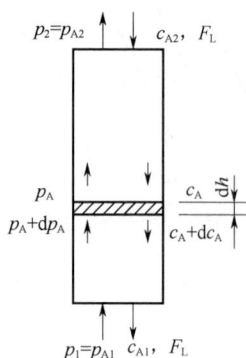

图 4-28　填料塔的物料衡算图

$$\Delta c_{Am} = \frac{\Delta c_{A1} - \Delta c_{A2}}{\ln \dfrac{\Delta c_{A1}}{\Delta c_{A2}}} == \frac{(c_{A1}^* - c_{A1}) - (c_{A2}^* - c_{A2})}{\ln \dfrac{c_{A1}^* - c_{A1}}{c_{A2}^* - c_{A2}}} \tag{4-55}$$

式中，$c_{A1}^* = Hp_{A1} = Hy_1 p_0$；$c_{A2}^* = Hp_{A2} = Hy_2 p_0$；$p_0$ 为大气压。

二氧化碳的溶解度常数：

$$H = \frac{\rho_w}{M_w} \times \frac{1}{E} \tag{4-56}$$

式中，ρ_w 为水的密度，kg/m^3；M_w 为水的摩尔质量，$kg/kmol$；E 为二氧化碳在水中的亨利系数（见《化工原理》下册），Pa；H 为溶解度常数，单位为 $kmol/(m^3 \cdot Pa)$。

因本实验采用的物系不仅遵循亨利定律，而且气膜阻力可以不计，在此情况下，整个传质过程阻力都集中于液膜，即属液膜控制过程，则液侧体积传质膜系数等于液相体积传质总系数，即

$$k_1 a = K_L a = \frac{V_{sL}}{hS} \times \frac{c_{A1} - c_{A2}}{\Delta c_{Am}} \tag{4-57}$$

四、实验装置基本情况

1. 传统设备

（1）实验装置主要参数

填料塔：第一套玻璃管内径 $D=0.050m$；内装 $\phi 10mm \times 10mm$ 瓷拉西环；

第二套玻璃管内径 $D=0.050m$；内装 $\phi 10mm \times 10mm$ 瓷拉西环；

第三套玻璃管内径 $D=0.050m$；内装 $\phi 10mm \times 10mm$ 瓷拉西环；

第四套玻璃管内径 $D=0.050m$；内装 $\phi 10mm \times 10mm$ 不锈钢 θ 环。

解吸塔：璃管内径 $D=0.050m$；内装 $\phi 10mm \times 10mm$ 瓷拉西环；填料层高度 $Z=0.80m$；风机 XGB-12 型，550W。

流量测量仪表：CO_2 转子流量计型号 LZB-6，流量范围 0.06～0.6m^3/h；空气转子流量计型号 LZB-10，流量范围 0.25～2.5m^3/h；水转子流量计型号 LZB-10，流量范围 16～160L/h；解吸收塔水转子流量计型号 LZB-6，流量范围 6～60L/h。

浓度测量：吸收塔塔底液体浓度分析准备定量化学分析仪器一套。

温度测量：PT100 铂电阻，用于测定测气相和液相温度。

二氧化碳钢瓶 1 个；减压阀 1 个（用户自备）。

（2）实验装置与流程

二氧化碳吸收与解吸实验传统设备流程示意图见图 4-29。

（3）实验装置面板

二氧化碳吸收与解吸实验装置面板图见图 4-30。

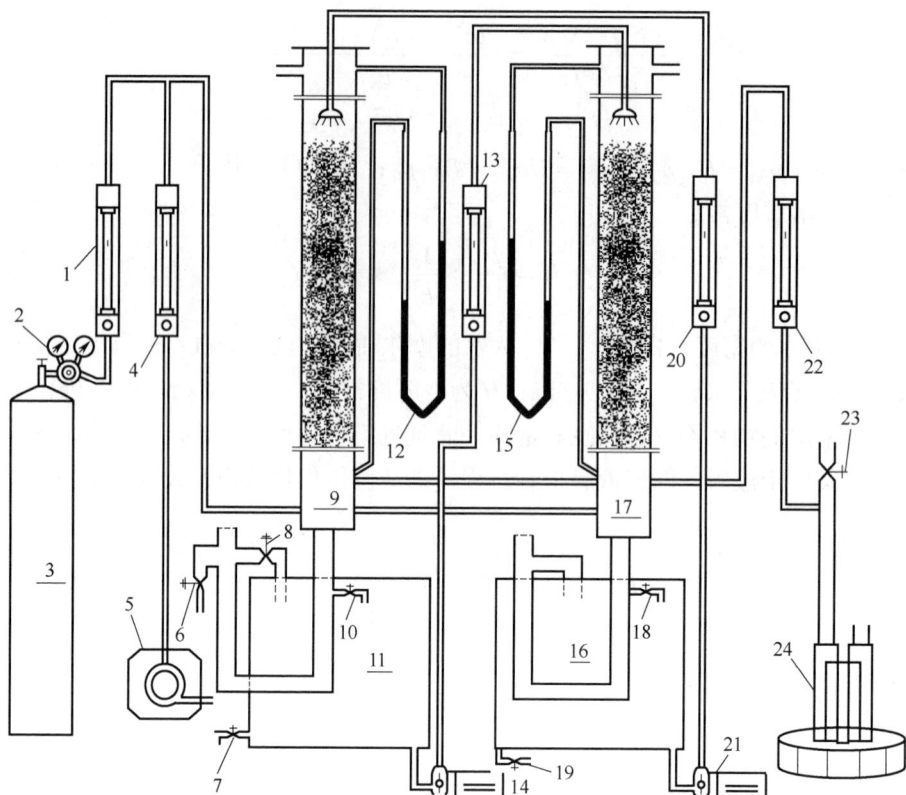

图 4-29 二氧化碳吸收与解吸实验传统设备流程示意图

1—CO_2 流量计；2—CO_2 钢瓶减压阀；3—CO_2 钢瓶；4—吸收用空气流量计；5—吸收用气泵；6—放水阀；

7，19—水箱放水阀；8—回水阀；9—解吸塔；10—解吸塔塔底取样阀；11—解吸液储槽；12，15—U 形管液柱压力计；

13—吸收液流量计；14—解吸液液泵；16—吸收液储槽；17—吸收塔；18—吸收塔塔底取样阀；20—解吸液流量计；

21—吸收液液泵；22—空气流量计；23—空气旁通阀；24—风机

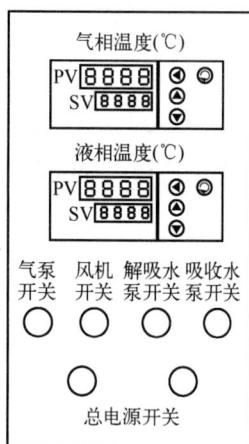

图 4-30　实验装置面板图

2. 升级设备

（1）实验流程图

本实验是在填料塔中用水吸收空气和 CO_2 混合气中的 CO_2，和用空气解吸水中的 CO_2 以求取填料塔的吸收传质系数和解吸系数。升级设备流程图如图 4-31 所示。

（2）流程说明

空气：空气来自风机出口总管，分成两路。一路经流量计 FI01 与来自流量计 FI05 的 CO_2 混合后进入填料吸收塔底部，与塔顶喷淋下来的吸收剂（水）逆流接触吸收，吸收后的尾气排入大气。另一路经流量计 FI03 进入填料解吸塔底部，与塔顶喷淋下来的含 CO_2 水溶液逆流接触进行解吸，解吸后的尾气排入大气。

CO_2：钢瓶中的 CO_2 经减压阀分成两路。一路经调节阀 VA05、流量计 FI05 进入吸收塔；另一路经 FI06、VA15 进入水箱与循环水充分混合可形成饱和 CO_2 水溶液。

水：吸收用水来自自来水，经流量计 FI02 送入吸收塔塔顶，吸收液自塔底分成两种情况。

一是若只做吸收实验，吸收液流入饱和罐且充满；二是若做吸收-解吸联合操作实验，可开启解吸泵，将溶液经流量计 FI04 送入解吸塔塔顶，经解吸后的溶液从解吸塔塔底流经倒 U 管排入地沟。

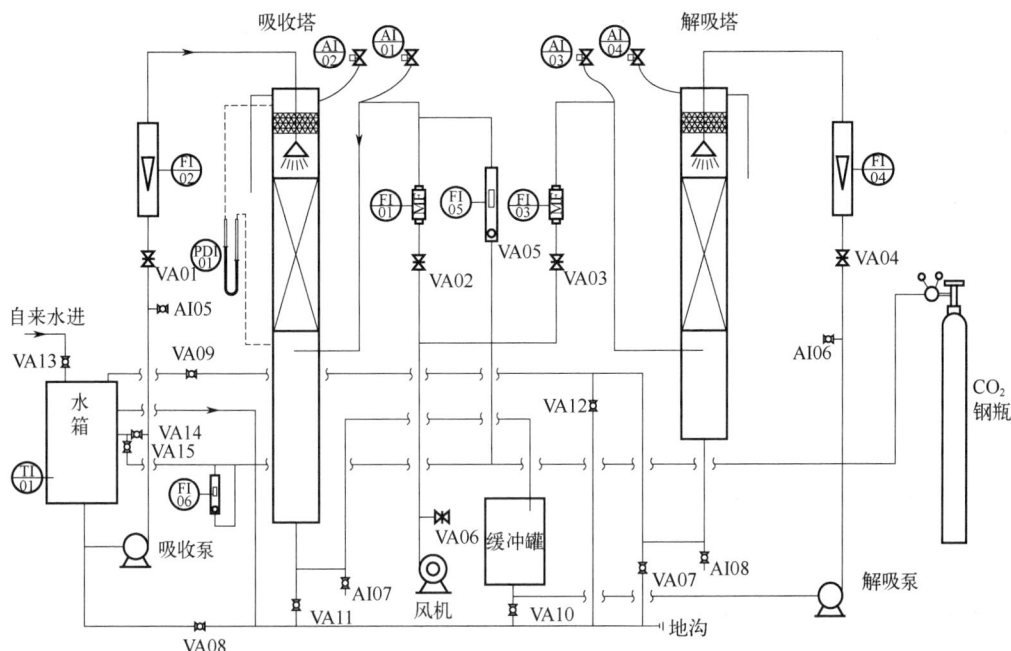

图 4-31　吸收与解吸实验升级设备流程图

阀门：VA01—吸收液流量调节阀；VA02—吸收塔空气流量调节阀；VA03—解吸塔空气流量调节阀；VA04—解吸液流量调节阀；VA05—吸收塔 CO_2 流量调节阀；VA06—风机旁路调节阀；VA07—解吸塔放净阀；VA08—水箱放净阀；VA09—解吸液回流阀；VA10—缓冲罐放净阀；VA11—吸收塔放净阀；VA12—解吸液排液阀；VA13—自来水进液阀；VA14—吸收液循环阀；VA15—水箱 CO_2 流量调节阀；AI01—吸收塔进气采样阀；AI02—吸收塔出气采样阀；AI03—解吸塔进气采样阀；AI04—解吸塔出气采样阀；AI05—吸收塔塔顶液体采样阀；AI06—解吸塔塔顶液体采样阀；AI07—吸收塔塔底液体采样阀；AI08—解吸塔塔底液体采样阀
温度：TI01—液相温度
压差：PDI01—吸收塔体压差
流量：FI01—吸收空气流量；FI02—吸收液流量；FI03—解吸空气流量；FI04—解吸液流量；FI05—吸收塔 CO_2 气体流量；FI06—水箱 CO_2 气体流量

取样：在吸收塔气相进口设有取样点 AI01，出口管上设有取样点 AI02，在解吸塔气体进口设有取样点 AI03，出口有取样点 AI04，样气从取样口进入二氧化碳分析仪进行含量分析。

（3）设备仪表参数

吸收塔：塔内径 100mm；填料层高 550mm；填料为陶瓷拉西环；丝网除沫。

解吸塔：塔内径 100mm；填料层高 550mm；填料为 $\phi6mm$ 不锈钢 θ 环；丝网除沫。

风机：旋涡气泵，16kPa，145m³/h。

吸收泵：扬程 14m，流量 3.6m³/h。

解吸泵：扬程 14m，流量 3.6m³/h。

饱和罐：PE，50L。

温度：Pt100 传感器，0.1℃。

流量计：水涡轮流量计：200~1000L/h，0.5%FS。

气相质量流量计：0~1.2m³/h，±1.5%满量程；0~18m³/h，±1.5%满量程。

气相转子流量计：0.3~3L/min。

二氧化碳检测仪：量程20%（体积分数），分辨率0.01%（体积分数）。

U形管压差计：±2000Pa。

五、实验方法及步骤

1. 传统设备

实验前，往水槽中加入蒸馏水，检查各流量计调节阀以及二氧化碳钢瓶减压阀是否均已关严。

（1）解吸塔中流体力学实验操作

① 开启实验装置的总电源，开动水泵21，调节水流量计20，对填料塔润湿10~20min。然后把水流量调节到指定流量（一般为100L/h）。

② 开动风机24，从小到大调节空气流量，观察填料塔中液体流动状况，并记下空气流量、塔压降和流动状况，在出现液泛以后，至少有三个数据点。

③ 关闭水和空气流量计，停止水泵和旋涡气泵。

（2）二氧化碳吸收-解吸传质系数的测定（水流量控制在60L/h）

① 打开阀门23，关闭阀门10、18。

② 启动解吸液液泵14将水经流量计13计量后打入吸收塔中，然后打开二氧化碳钢瓶顶上的减压阀，向吸收塔内通入二氧化碳气体（CO_2流量计的阀门要全开），流量大小由流量计读出，控制在0.1m³/h左右。

③ 启动吸收液液泵21，将吸收液经解吸流量计20计量后打入解吸塔中，同时启动风机，利用阀门23调节空气流量（约0.25m³/h）对解吸塔中的吸收液进行解吸。

④ 操作达到稳定状态之后，测量塔底的水温，同时取样，测定两塔塔顶、塔底溶液中二氧化碳的含量。（实验时注意吸收液流量计和解吸液流量计数值要一致，并注意解吸水箱中的液位，两个流量计要及时调节，以保证实验时操作条件不变。）

（3）二氧化碳含量测定

用移液管吸取0.1mol/L的$Ba(OH)_2$溶液10mL，放入锥形瓶中，并从塔底附设的取样口处接收塔底溶液20mL，用胶塞塞好振荡。溶液中加入2~3滴甲酚红指示剂摇匀，用0.1mol/L的盐酸滴定到粉红色消失即为终点。

按式（4-58）计算得出溶液中二氧化碳浓度：

$$c_{CO_2} = \frac{2c_{Ba(OH)_2}V_{Ba(OH)_2} - c_{HCl}V_{HCl}}{2V_{溶液}}$$

（4-58）

2. 升级设备

（1）填料塔流体力学性能测定

① 开启实验装置的总电源，开启风机，从小到大调节空气流量，测定吸收塔干填料的塔

压降，并记下空气流量、塔压降，按 2m³/h、4m³/h、6m³/h、8m³/h、10m³/h、12m³/h 调节（为建议值），得到 Δp-u 的关系。

② 开动吸收泵，调节流量计 FI02，对吸收塔填料进行润湿 5min。然后把水流量调节到指定流量（一般为 0L/h、200L/h、300L/h、400L/h）。

③ 开启风机，从小到大调节空气流量，观察填料塔中液体流动状况，并记下空气流量、塔压降和流动状况；实验接近液泛时，进塔气体的流量要放慢，待各参数稳定后再读数据，液泛后填料层压降在几乎不变的气速下明显上升，务必要掌握这个特点。并注意不要使气速过分超过泛点，避免冲破填料。

④ 关闭水和空气流量计，停止水泵和风机。

（2）单独吸收实验

① 水箱中加入去离子水至水箱液位的 75%左右，开启吸收泵，待吸收塔塔底有一定液位时，调节吸收液流量调节阀 VA01 到实验所需流量（按 200L/h、350L/h、500L/h、650L/h 水量调节）。开启缓冲罐放净阀 VA10 将吸收后的水排放。

② 全开 VA06 和 VA02，关闭 VA03，启动风机，逐渐关小 VA06，可微调 VA02 使 FI01 风量在 0.7m³/h 左右。实验过程中维持此风量不变。

③ 关闭 VA15，开启 VA05，开启 CO_2 钢瓶总阀，微开减压阀，根据 CO_2 流量计读数可微调 VA05 使 CO_2 流量为 1～2L/min。实验过程中维持此流量不变。

特别提示： 由于 CO_2 是从钢瓶中经减压释放出来的，流量需要一定稳定时间，因此，为减少不必要的浪费，最好将此步骤先提前半个小时进行，约半个小时后，CO_2 流量可以达到稳定，然后再开水和风机。

④ 当各流量维持一定时间后（填料塔体积约 5L，气量按 0.4m³/h 计，全部置换时间约 45s，即按 2min 为稳定时间），打开 AI01 电磁阀，在线分析进口 CO_2 浓度，等待 2min，检测数据稳定后采集数据，再打开 AI02 电磁阀，等待 2min，检测数据稳定后采集数据。同时分别从吸收塔塔顶液体采样口 AI05、吸收塔塔底液体采样口 AI07 取样检测液相二氧化碳浓度。

⑤ 调节水量（按 200L/h、350L/h、500L/h、650L/h 调节水量），每个水量稳定后，按上述步骤依次取样。

⑥ 实验完毕后，应先关闭 CO_2 钢瓶总阀，等 CO_2 流量计无流量后，关闭减压阀，停风机，关水泵。

（3）吸收解吸联合实验

① 水箱中加入去离子水至水箱液位的 75%左右，开启吸收泵和调节阀 VA10，待吸收塔塔底有一定液位时，开启解吸泵，调节吸收液流量调节阀 VA01 和解吸液流量调节阀 VA04 到实验所需流量。（按 200L/h、350L/h、500L/h、650L/h 水量调节。）

② 关闭 VA10，启动解吸泵，调节 VA04，使解吸塔流量也维持在 200L/h。关闭 VA07 和 VA09，打开 VA12，解吸塔底部出液由塔底的倒 U 管直接排入地沟。

③ 微调 VA03，使解吸塔风量维持在 0.7m³/h 左右，并注意保持吸收塔风量不变。

④ 当各流量维持一定时间后（填料塔体积约 5L，气量按 0.4m³/h 计，全部置换时间约 45s，即按 2min 为稳定时间），依次打开采样点阀门（AI01、AI02、AI03、AI04 电磁阀），在线分析 CO_2 浓度，注意每次要等检测数据稳定后再采集数据。同时分别从吸收塔塔顶液体采

样口 AI05、吸收塔塔底液体采样口 AI07、解吸塔塔顶液体采样口 AI06、解吸塔塔底液体采样口 AI08 取样检测液相二氧化碳浓度。

⑤ 实验完毕后，应先关闭 CO_2 钢瓶总阀，等 CO_2 流量计无流量后，关闭减压阀，停风机，关水泵。

（4）单独解吸实验

① 在单独解吸实验时，因液体中 CO_2 浓度未知，因此我们需要做饱和液体，只要测得液体温度，即可根据亨利定律求得其饱和浓度。所以，需要在水箱中制作饱和液。

② 水箱中加入去离子水至水箱液位的 75% 左右，开启吸收泵，关闭 VA01，开启 VA14，全开 VA15，开启 CO_2 钢瓶总阀，微开减压阀，使 CO_2 流量控制在 1～2L/min，实验过程中维持此流量不变，约 10min 后，水箱内的溶液饱和。

③ 关闭 VA14，开启 VA01，饱和溶液经吸收塔进入缓冲罐，待缓冲罐中有一定液位时，开启解吸泵，调节 VA04，使解吸水量维持在一定值（为了与不饱和解吸比较建议在同一水量 200L/h）。

④ 全开 VA06 和 VA03，关闭 VA02，启动风机，逐渐关小 VA06，可微调 VA03 使 FI03 风量在 0.7m³/h 左右。实验过程中维持此风量不变。

⑤ 当各流量维持一定时间后（填料塔体积约 5L，气量按 0.4m³/h 计，全部置换时间约 45s，即按 2min 为稳定时间），打开 AI03 电磁阀，在线分析进口 CO_2 浓度，等待 2min，待数据稳定后采集数据，再打开 AI04 电磁阀，等待 2min，待数据稳定后采集数据。同时分别从解吸塔塔顶液体采样口 AI06、解吸塔塔底液体采样口 AI08 取样检测液相二氧化碳浓度。

⑥ 实验完毕后，应先关闭 CO_2 钢瓶总阀，等 CO_2 流量计无流量后，关闭钢瓶减压阀和总阀。停风机、饱和泵和解吸泵，使各阀门复原。

六、实验注意事项

1. 传统设备

（1）开启二氧化碳总阀前，要先关闭二氧化碳自动减压阀和二氧化碳氨流量调节阀。开启时开度不宜过大。

（2）塔下部液封面的高度必须维持在空气进口管的下面，并接近进口管。

（3）滴定水中二氧化碳时，要求滴定的同时不停振荡。

（4）分析 CO_2 浓度操作时动作要迅速，以免 CO_2 从液体中溢出导致结果不准确。

2. 升级设备

（1）在启动风机前，确保风机旁路阀处于打开状态，防止风机因憋压而剧烈升温。

（2）因为泵是机械密封，必须在泵有水时使用，若泵内无水空转，易造成机械密封件升温损坏而导致密封不严，需专业厂家更换机械密封。因此，严禁泵内无水空转。

（3）长期不用时，应将设备内水放净。

（4）严禁学生打开电柜，以免发生触电。

七、实验数据记录与实验报告要求

1. 计算不同条件下的填料吸收塔的液相总体积传质系数。
2. 分析水吸收二氧化碳属于什么控制。
3. 计算不饱和液解吸传质系数。
4. 实验数据表

（1）传统设备

实验传统设备的原始数据记录表、计算结果汇总表如表 4-23～表 4-27 所示。

表 4-23　二氧化碳在水中的亨利系数 E　　　　　　单位：10^5kPa

气体	温度/℃											
	0	5	10	15	20	25	30	35	40	45	50	60
CO_2	0.738	0.888	1.05	1.24	1.44	1.66	1.88	2.12	2.36	2.60	2.87	3.46

表 4-24　干填料时 $\Delta p/Z$-u 关系测定

序号	L=＿＿＿ L/h，填料层高度 Z=＿＿＿ m，塔径 D=＿＿＿ m			
	填料层压降/mmH₂O	单位高度填料层压降/(mmH₂O/m)	空气转子流量计读数/(m³/h)	空塔气速/(m/s)
1				
2				
3				
4				
5				
6				
7				
8				
9				

表 4-25　湿填料时 $\Delta p/Z$-u 关系测定

序号	L=＿＿＿ L/h，填料层高度 Z=＿＿＿ m，塔径 D=＿＿＿ m				
	填料层压降/mmH₂O	单位高度填料层压降/(mmH₂O/m)	空气转子流量计读数/(m³/h)	空塔气速/(m/s)	操作现象
1					
2					
3					
4					
5					
6					
7					
8					
9					
10					

要求：在对数坐标纸上以空塔气速 u 为横坐标，$\Delta p/Z$ 为纵坐标作图，标绘 $\Delta p/Z$-u 关系

曲线。

表 4-26　吸收-解吸传质能力测定实验记录表

被吸收的气体：_____，吸收剂：_____，塔内径 D=_____m，填料层高度 Z=_____m		
记录项目		数值
吸收塔塔底液相温度/℃		
吸收剂流量/(L/h)		
吸收空气流量计度数/(m³/h)		
吸收 CO_2 流量计度数/(m³/h)		
CO_2 转子流量计处温度/℃		
滴定用 HCl 的浓度/(mol/L)		
中和 CO_2 用 $Ba(OH)_2$ 的浓度/(mol/L)		
塔顶采样	样本体积/mL	
	$Ba(OH)_2$ 体积/mL	
	滴定用 HCl 体积/mL	
塔底采样	样本体积/mL	
	$Ba(OH)_2$ 体积/mL	
	滴定用 HCl 体积/mL	

表 4-27　传统设备填料吸收塔传质实验结果汇总表

被吸收的气体：_____，吸收剂：_____，塔内径 D=_____m，填料层高度 Z=_____m	
计算项目	数值
25℃时 CO_2 的亨利系数 E/(10^8Pa)	
塔底吸收液浓度 c_{A1}/(kmol/m³)	
塔顶解吸液浓度 c_{A2}/(kmol/m³)	
塔底吸收液摩尔分数 x_1	
塔底吸收液摩尔比 X_1	
塔顶解吸液摩尔分数 x_2	
塔顶解吸液摩尔比 X_2	
塔底混合气中 CO_2 的摩尔分数 y_1	
塔底混合气中 CO_2 的摩尔比 Y_1	
塔底混合气中 CO_2 的摩尔分数 y_2	
塔底混合气中 CO_2 的摩尔比 Y_2	
平衡浓度 c_{A1}^*/(kmol/m³)	
平衡浓度 c_{A2}^*/(kmol/m³)	
平均推动力 Δc_{Am}/(kmol/m³)	
液相体积传质系数 $k_L a$/(m/s)	
液相总传质单元高度 H_{OL}/m	
液相总传质单元数 N_{OL}	
吸收率 φ_A	

（2）升级设备

升级设备实验的原始数据记录表、计算结果汇总表如表 4-28～表 4-33 所示。

表 4-28　流体力学测定实验数据记录表

| 序号 | 水量=0L/h | | | 水量=200L/h | | | 水量=300L/h | | | 水量=400L/h | | |
	空气流量/(m³/h)	风速/(m/h)	全塔压差 Δp/Pa	空气流量/(m³/h)	风速/(m/h)	全塔压差 Δp/Pa	空气流量/(m³/h)	风速/(m/h)	全塔压差 Δp/Pa	空气流量/(m³/h)	风速/(m/h)	全塔压差 Δp/Pa
1		3			2			2			2	
2		4			3			3			3	
3		5			4			4			4	
4		6			5			5			5	
5		7			6			6				
6		8			7			6.5				
7		9			8							
8		10			8.3							

注：每套装置的液泛流量存在差异，以上表格仅作为样例，具体数据请以实际数据为准。

表 4-29　吸收实验数据记录表

| 序号 | 空气流量/(m³/h) | CO₂ 流量/(m³/h) | 水 V_s/(L/h) | 气相组成/% | | 备注 |
				y_1	y_2	
1			200			
2			350			吸收
3			500			
4			650			

水温=_____　填料体积= 0.00432m³

表 4-30　吸收-解吸联合实验数据记录表

水温=_____　填料体积= 0.00432m³

| 序号 | 空气流量/(m³/h) | CO₂ 流量/(m³/h) | 水 V_s/(L/h) | 气相组成/% | | 备注 |
				y_1	y_2	
1			200			吸收
2			350			

| 序号 | 空气流量/(m³/h) | CO₂ 流量/(m³/h) | 水 V_s/(L/h) | 气相组成/% | | 备注 |
				y_1	y_2	
1			200			解吸
2			350			

表 4-31　解吸实验

序号	空气流量/(m³/h)	CO₂流量/(m³/h)	水 V_s/(L/h)	气相组成/%		备注
				y_1	y_2	
1			200			
2			350			

水温=＿＿＿＿　填料体积=0.00432m³

表 4-32　吸收实验数据计算结果汇总表

序号	空气流量/(m³/h)	CO₂流量/(m³/h)	水 V_h/(L/h)	气相组成/%		空气 G_A/(kmol/h)	$\Delta X_m \times 10^4$	$K_x a$/[kmol/(m³·h)]
				y_1	y_2			
1								
2								
3								
4								

表 4-33　解吸实验数据计算结果汇总表

序号	空气流量/(m³/h)	CO₂流量/(m³/h)	水 V_h/(L/h)	气相组成/%		空气 G_A/(kmol/h)	ΔY_m	L/(kmol/h)	$K_y a$/[kmol/(m³·h)]
				y_1	y_2				
1									
2									
3									

八、思考题

1. 请说明吸收分离的物系以及分离原理。

2. 实验过程中，如果液体流量不变，一直增加气体流量，会出现什么不正常操作？为什么？

3. 吸收实验中，如何调节空气流量？

实验八　干燥实验

一、实验目的

1. 了解常压干燥设备的构造、原理和操作。
2. 学习物料含水量的测定方法。
3. 掌握干燥曲线和干燥速率曲线的测定方法。

4．学习恒速干燥阶段物料与空气之间对流传热系数的测定方法。

二、实验内容

1．在固定的空气流量和空气温度下测定某种物料的干燥曲线、干燥速率曲线及临界含水量。

2．测定恒速干燥阶段物料与空气之间的对流传热系数。

三、实验原理

当湿物料与干燥介质接触时，物料表面的水分开始汽化，并向周围介质传递。根据干燥过程不同期间的特点，干燥过程可分为两个阶段。

第一阶段为恒速干燥阶段。在过程开始时，由于物料整体的湿含量较大，其内部的水分能迅速地到达物料表面。因此，干燥速率为物料表面上水分的汽化速率所控制，故此阶段亦称为表面汽化控制阶段。在此阶段，干燥介质传给物料的热量全部用于水分的汽化，物料表面的温度维持恒定（近似等于热空气的湿球温度），物料表面处的水蒸气分压也维持恒定，故干燥速率恒定不变。

第二阶段为降速干燥阶段。当物料中水分被干燥到临界湿含量以下时，便进入降速干燥阶段。此时，物料中所含水分较少，水分自物料内部向表面传递的速率低于物料表面水分的汽化速率，干燥速率为水分在物料内部的传递速率所控制，故此阶段亦称为内部迁移控制阶段。随着物料湿含量逐渐减少，物料内部水分的迁移速率也逐渐降低，故干燥速率不断下降。

恒速段的干燥速率和临界湿含量的影响因素主要有：固体物料的种类和性质；固体物料层的厚度或颗粒大小；空气的温度、湿度和流速；空气与固体物料间的相对运动方式。

恒速段的干燥速率和临界含水量是干燥过程研究和干燥器设计的重要依据。本实验在恒定干燥条件下对物料进行干燥，测定干燥曲线和干燥速率曲线，目的是掌握恒速段干燥速率和临界含水量的测定方法及其影响因素。

（1）干燥速率的测定

$$U = \frac{\mathrm{d}W'}{S\mathrm{d}\tau} \approx \frac{\Delta W'}{S\Delta\tau} \tag{4-59}$$

式中，U 为干燥速率，kg/（$\mathrm{m^2 \cdot h}$）；S 为干燥面积，$\mathrm{m^2}$，实验室现场提供；$\Delta\tau$ 为时间间隔，h；$\Delta W'$ 为 $\Delta\tau$ 时间间隔内干燥汽化的水分量，kg。

（2）物料干基含水量

$$X = \frac{G' - G_{\mathrm{c}}'}{G_{\mathrm{c}}'} \tag{4-60}$$

式中，X 为物料干基含水量，kg 水/kg 绝干物料；G' 为固体湿物料的质量，kg；G_{c}' 为绝干物料量，kg。

（3）恒速干燥阶段物料表面与空气之间对流传热系数的测定

$$U_{\mathrm{c}} = \frac{\mathrm{d}W'}{S\mathrm{d}\tau} = \frac{\mathrm{d}Q'}{r_{\mathrm{tw}}S\mathrm{d}\tau} = \frac{\alpha(t - t_{\mathrm{w}})}{r_{\mathrm{tw}}} \tag{4-61}$$

$$\alpha = \frac{U_c r_{tw}}{t - t_w} \tag{4-62}$$

式中，α 为恒速干燥阶段物料表面与空气之间的对流传热系数，W/（$m^2 \cdot \text{℃}$）；U_c 为恒速干燥阶段的干燥速率，kg/（$m^2 \cdot s$）；t_w 为干燥器内空气的湿球温度，℃；t 为干燥器内空气的干球温度，℃；r_{tw} 为 t_w 下水的汽化热，J/kg。

（4）干燥器内空气实际体积流量的计算

由节流式流量计的流量公式和理想气体的状态方程式可推导出：

$$V_t = V_{t_0} \times \frac{273 + t}{273 + t_0} \tag{4-63}$$

式中，V_t 为干燥器内空气实际流量，m^3/s；t_0 为流量计处空气的温度，℃；V_{t_0} 为常压下 t_0 时空气的流量，m^3/s；t 为干燥器内空气的温度，℃。

$$V_{t_0} = C_0 A_0 \sqrt{\frac{2 \times \Delta p}{\rho}} \tag{4-64}$$

$$A_0 = \frac{\pi}{4} d_0^2 \tag{4-65}$$

式中，C_0 为流量计流量系数，$C_0 = 0.65$；A_0 为节流孔开孔面积，m^2；d_0 为节流孔开孔直径，$d_0 = 0.035$m；Δp 为节流孔上下游两侧压差，Pa；ρ 为孔板流量计处 t_0 时空气的密度，kg/m^3。

四、实验装置基本情况

1. 传统设备

（1）实验设备仪表参数

干燥器类型：洞道式干燥器。

洞道尺寸：长 1.16m、宽 0.190m、高 0.24m。

加热功率：500～1500W。空气流量：1～5m^3/min。干燥温度：40～120℃。

质量传感器显示仪：量程 0～200g，精度 0.2 级。

干球温度计、湿球温度计显示仪：量程 0～150℃，精度 0.5 级。

孔板流量计处温度计显示仪：量程 0～100℃，精度 0.5 级。

孔板流量计差压变送器和显示仪：量程 0～4kPa，精度 0.5 级。

电子秒表绝对误差 0.5s。

（2）实验流程示意图

干燥实验传统设备流程图见图 4-32。

（3）实验设备面板图

传统设备的面板图如图 4-33 所示。

2. 升级设备

（1）实验设备仪表参数

中压风机：全风压 2kPa；风量 16m^3/min；功率 750W；电压 380V。

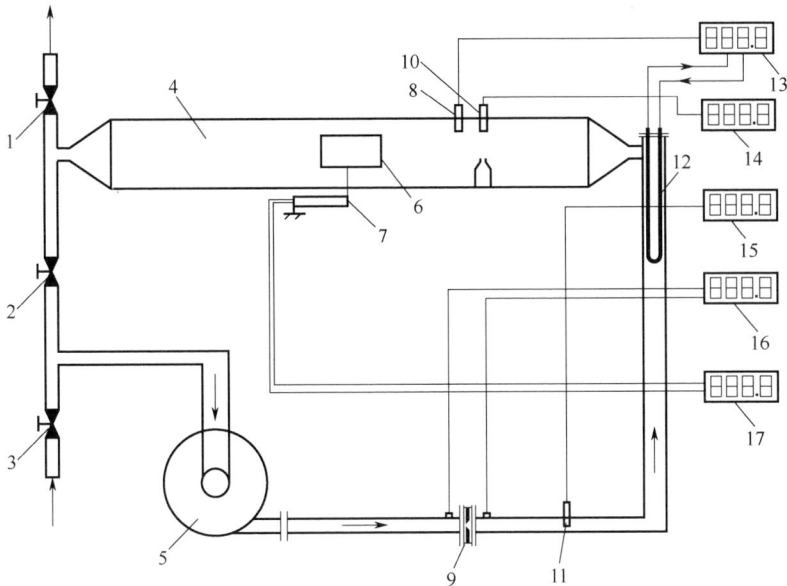

图 4-32 洞道式干燥器实验传统设备流程示意图

1—废气排出阀；2—废气循环阀；3—空气进气阀；4—洞道干燥器；5—风机；6—干燥物料；7—质量传感器；
8—干球温度计；9—孔板流量计；10—湿球温度计；11—空气进口温度计；12—加热器；13—干球温度显示控制仪表；
14—湿球温度显示仪表；15—进口温度显示仪表；16—流量计压差显示仪表；17—质量显示仪表

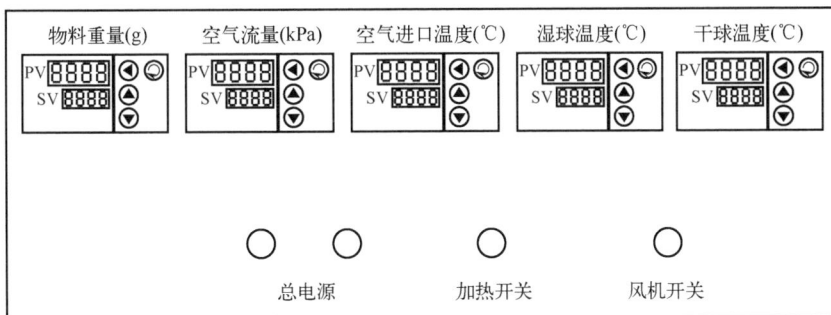

图 4-33 洞道式干燥器实验传统设备面板图

圆管内径 60mm。

风洞内方管尺寸：120mm×150mm（宽×高）。

孔板流量计：全不锈钢,环隙取压,孔径46.48mm,孔面积比 m=0.6,孔板流量系数 C_0=0.74。

电加热室：二组 2×2kW,自动控温。

压差传感器：0～5000Pa。

热电阻传感器：Pt100。

称重传感器：0～1000g。

（2）实验流程示意图

本装置由离心式风机送风，新鲜空气经孔板流量计测风量、电加热室加热后，进入方形风道，流入干燥室，再经方变圆管流入蝶阀，可手动调节流量（本实验装置可通过调节风机的频率来调节风量，实验时蝶阀处于全开状态），流入风机进口，形成循环风洞干燥。

为防止循环风的湿度增加，保证恒定的干燥条件，在风机进、出口分别装有两个阀门，风机出口不断排放出废气，风气进口不断流入新鲜气，以保证循环风湿度不变。

为保证进入干燥室的风温恒定，保证恒定的干燥条件，电加热室的二组电热丝采用自动控温，具体温度可人工设定。

本实验装置共有三个计算温度，一是进干燥室的干球温度 TIC01（为设定的仪表读数），二是进干燥室的湿球温度 TI02，三是流入流量计处用于计算风量的温度 TI01，其位置如图4-34 所示。

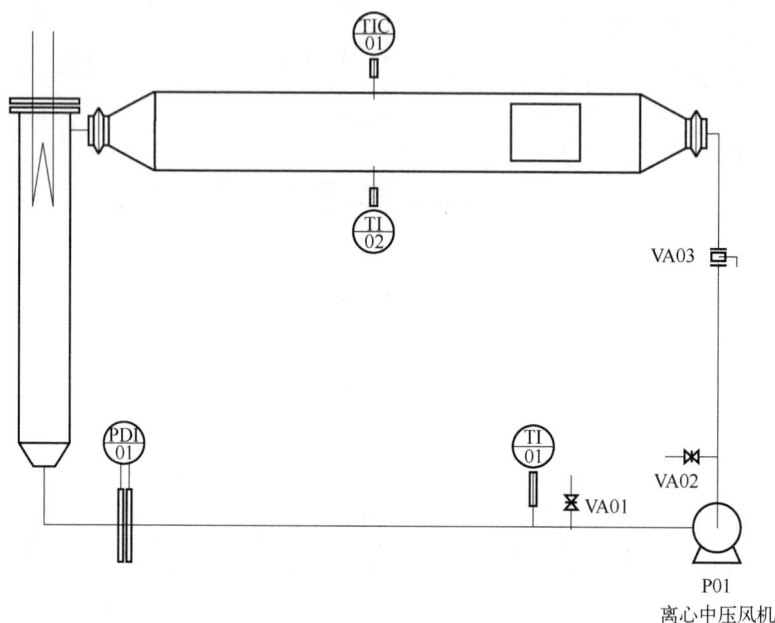

图 4-34　风洞干燥实验装置流程图

TIC01—干球温度；TI01—风机出口温度；TI02—湿球温度；PDI01—孔板压差；
VA01—风机出口球阀；VA02—风机进口闸阀；VA03—蝶阀

五、方法及步骤

1. 传统设备

（1）先将物料送入干燥器中烘干 10～15min，测得绝干物料量。再将干燥物料（帆布）放入蒸馏水中浸湿（浸水量为10～15g），将放湿球温度计纱布的烧杯装满水。

（2）调节送风机吸入口的空气进气阀 3 到全开的位置后启动风机。

（3）用废气排出阀 1 和废气循环阀 2 调节到指定的流量后，开启加热电源。在智能仪表中设定干球温度，仪表自动调节到指定的温度。

（4）在空气温度、流量稳定的条件下，用质量传感器测定支架的质量并记录下来。

（5）把充分浸湿的干燥物料（帆布）固定在质量传感器上并与气流方向平行放置。

（6）在稳定的条件下，记录每隔 2min 干燥物料减轻的质量。直至干燥物料的质量连续三次不再明显减轻为止。

（7）改变空气流量或温度，重复上述实验。

（8）关闭加热电源，待干球温度降至40℃后关闭风机电源和总电源。

（9）实验完毕，一切复原。

2. 升级设备

（1）将待干燥试样浸水，使物料含有适量水分，40~60g（不能滴水），以备干燥实验用。

（2）检查风机进出口放空阀，应处于开启状态；往湿球温度计小杯中加水。

（3）检查电源连接，开启控制柜总电源。启动风机开关，并调节阀门VA01，使仪表达到预定的压力值，一般压力调节到600~800Pa。

（4）风速调好后，通过一体机触摸屏设定干球温度（一般为70℃）。开启加热开关，温控器开始自动控制电热丝的电流进行自动控温，逐渐达到设定干球温度。

（5）放置物料前调节称重显示仪表，使称重示数归零。

（6）状态稳定后（干、湿球温度不再变化），将物料放入干燥室架子上，保证物料放置方向与风向平行；手动输入记录时间间隔为180s，点击开始记录实验数据，直至物料重量基本稳定，连续三次不再明显减轻为止，停止记录。

（7）取出被干燥的试样，先关闭加热开关。当干球温度TIC01降到50℃以下时，关闭风机的开关，退出系统，关闭计算机，关闭控制电源，关闭总电源。

（8）软件操作说明

① 依次打开总电源、控制电源按钮，进入电脑页面点击"力控"图标，等待装置自检，如图4-35所示。

② 进入操作界面后依次点击"风机"和"启动"，如图4-36所示。

图4-35　图标样式　　　　　　图4-36　启动风机图标

③ 依次点击"电加热"和"启动"，如图4-37所示。

④ 设定电加热温度，点击SV输入电加热温度，如80，如图4-38所示。

⑤ 待系统稳定后对传感器读数进行清零，将湿物料放置风洞内支架上，如图4-39所示。

⑥ 点击左上角"开始实验"，设定数据采样时间间隔180s，点击"开始记录"，如图4-40所示。

⑦ 实验结束时，点击左上角"结束实验"，关闭电加热，依次点击"电加热"和"停止"，如图4-41所示。

⑧ 当干球温度TIC01降至50℃以下时再关闭风机，依次点击"风机""停止"，然后依

次点击退出系统，操控终端关机，关闭控制电源，关闭总电源。如图 4-42 所示。

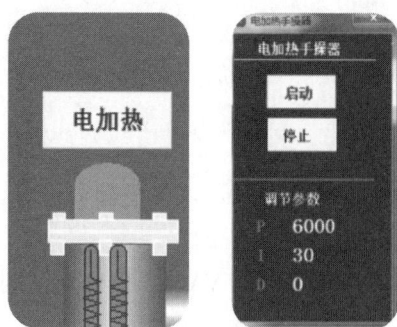

图 4-37　启动电加热图标

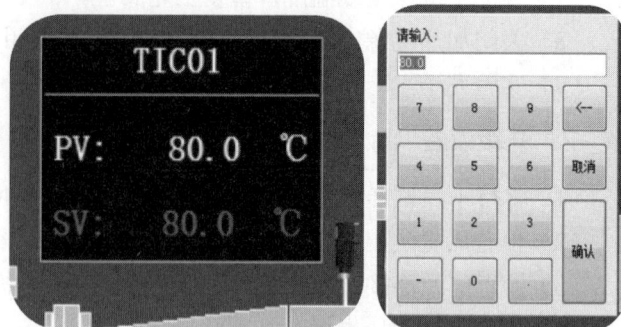

图 4-38　设定电加热温度

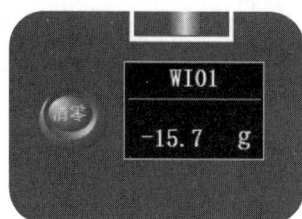

图 4-39　传感器图标

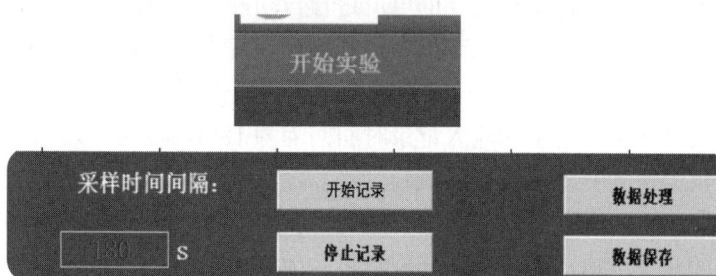

图 4-40　自动采集数据设置

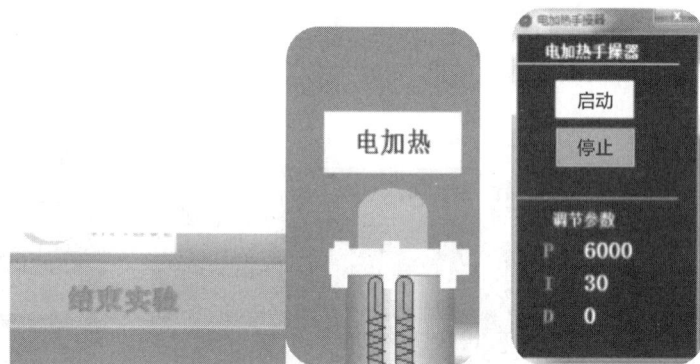

图 4-41　结束实验并关闭电加热

图 4-42　停止风机并退出系统

六、实验注意事项

1．实验前务必检查湿球温度测量装置，保证有机玻璃管水位淹没棉线。

2．质量传感器的量程为0～200g，精度较高。在放置干燥物料时务必要轻拿轻放，以免损坏质量传感器。

3．干燥器内必须有空气流过才能开启加热，防止干烧损坏加热器。关闭风机前必须先关闭电加热，且在干球温度降低到50℃以下时再停风机。

七、实验数据记录与实验报告要求

1．实验数据记录表

以传统设备为例，实验数据记录及整理表见表4-34。

表4-34　干燥速率曲线实验数据记录及整理表

空气孔板流量计读数=　　　　　　　流量计处的空气温度 t_0 =
干球温度 t =　　　　　　　　　　湿球温度 t_w =
框架质量 G_D =　　　　　　　　　绝干物料量 G_C =
干燥面积 S=　　　　　　　　　　洞道截面积=

序号	累计时间 T/min	总重量 G_T/g	干基含水量 X/(kg/kg)	平均含水量 X_{AV}/(kg/kg)	干燥速率 U/[10^{-4}kg/(s·m²)]
1					
2					
……					

2．根据实验结果绘制出干燥曲线和干燥速率曲线，并确定恒定干燥速率、临界含水量、平衡含水量。

3．计算出恒定干燥段物料与空气间的对流传热系数 α。

4．试分析空气流量或温度对恒定干燥速率和临界含水量的影响。

八、思考题

1．设备启动时，为什么要先开风机再开加热，而停车操作正好相反？

2．空气入口处温度计的作用是什么？流量计仪表显示的数值为何是压强？

3．本实验为何要测湿球温度？

4．干燥过程中对流传热系数的影响因素有哪些？

5．临界含水量对干燥时间有何影响，优化临界含水量的措施有哪些？

6．循环废气阀的作用是什么，循环废气的比例越高越节能吗？

第五章

化工原理演示实验

实验九　雷诺实验

一、实验目的

清晰观察层流、过渡流、湍流等流型的形式区别及特点，并清晰观察流体在圆形直管内流动速度的分布。

二、实验内容

通过转子流量计控制流量，观察管内红线的流动形态来理解流体质点的流动状态，分别记录不同流动形态下的流体流量值，并计算相应的雷诺数。

三、实验原理

流体在圆管内的流型可分为层流、过渡流、湍流三种状态，可根据雷诺数来予以判断。

$$Re = \frac{du\rho}{\mu} \tag{5-1}$$

式中，d 为管径，m；u 为流体的流速，m/s；μ 为流体的黏度，N·s/m²；ρ 为流体的密度，kg/m³。

四、实验装置

1. 实验装置流程示意图

雷诺实验装置见图 5-1。

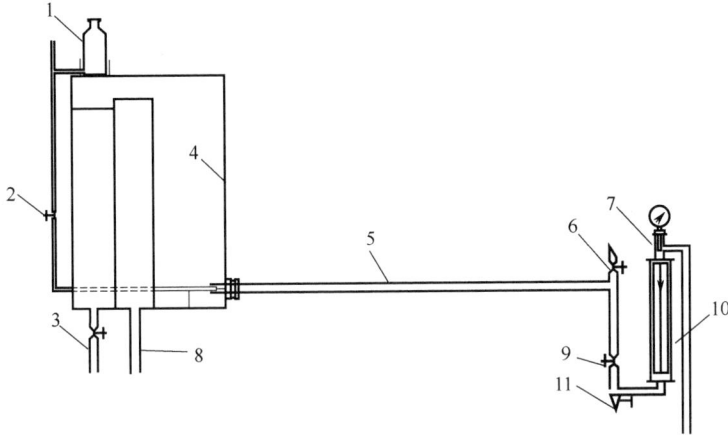

图 5-1　雷诺实验装置

1—下口瓶；2—调节夹；3—进水阀；4—高位槽；5—测试管；6—排气阀；

7—温度计；8—溢流口；9—调节阀；10—转子流量计；11—排水阀

2. 实验装置主要技术参数

实验管道有效长度 $l=1000mm$，外径 $d_o=30mm$，内径 $d_i=25mm$。

五、实验操作步骤

1. 实验前的准备工作

（1）向下口瓶中加入适量用水稀释过的红墨水。通过调节阀将红墨水充满装有针头的不锈钢管中。

（2）观察细管位置是否处于管道中心线上，调整细管处于观察管道的中心线上。

（3）关闭水流量调节阀、排气阀，打开上水阀，使自来水充满水槽。

（4）轻轻打开水流量调节阀，让水缓慢流过实验管道，打开排气阀排净圆管内空气，使水全部充满细管。

2. 雷诺实验演示

（1）在做好以上准备的基础上，调节进水阀，使水槽充满水至刚好有溢流产生。

（2）缓慢有控制地打开红墨水流量调节夹，红墨水流束即呈现不同流动状态，其流动形态即显示当前水流量下管内水质点的流动状况。记录流量值并计算雷诺数。

（3）因进水和溢流造成的振动，有时会使实验管道中的红墨水流束偏离管内中心线或发生不同程度的左右摆动，此时可立即关闭进水阀，稳定一段时间，即可看到实验管道中出现的与管中心线重合的红色直线，如图 5-2 所示。

（4）加大进水阀开度，在维持尽可能小的溢流量情况下提高水的流量，根据实际情况适当调整红墨水流量，即可观测实验管内水在各种流量下的流动状况。为消除进水和溢流所造成振动的影响，立即关闭进水阀门，然后观察管内水的流动状况，读取流量数值并计算雷诺数。其流动形态见图 5-3。

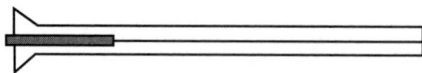

图 5-2　层流流动示意图　　　　　图 5-3　过渡流、湍流流动示意图

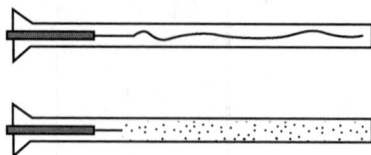

3. 圆形直管内流体速度分布演示实验

（1）关闭进水阀及流量调节阀。

（2）将红墨水流量调节夹打开，使红墨水滴落在不流动的实验管路中。

（3）突然打开流量调节阀，在实验管路中可以清晰看到红墨水流动所形成的流体速度分布，如图 5-4 所示。

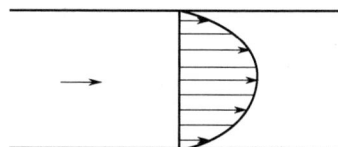

图 5-4　流速分布示意图

4. 实验结束

（1）首先关闭红墨水流量调节夹，停止红墨水流动。

（2）关闭进水阀，使自来水停止流入水槽。

（3）待实验管道中红色消失时，关闭水流量调节阀。

（4）如果日后较长时间不再使用该套装置，请将设备内各处存水放净。

六、实验注意事项

1. 水槽溢流应尽可能小，假如溢流过大，上水流量也大，上水和溢流两者造成的振动都较大，影响实验结果。

2. 应尽量不要人为地使实验架产生任何振动，为减小振动，在条件允许情况下可对实验架底面进行固定。

七、思考题

1. 流体在管道中的流动状态用什么参数来判别？其范围分别是多少？
2. 试描述层流与湍流状态有哪些区别。
3. 流体的流动状态与哪些因素有关？
4. 雷诺数 $Re=du\rho/\mu$ 的物理意义是什么？

实验十　机械能转化实验

一、实验目的

1. 演示流体在管内流动时静压能、动能、位能相互之间的转化关系，加深对伯努利方程的理解。

2. 通过能量之间变化了解流体在管内流动时流体阻力的表现形式。

3. 观测当流体经过扩大、收缩管段时，各截面上静压头的变化过程。

二、实验内容

1. 测量几种情况下的压头，并作分析比较。

2. 测定管中水的平均流速和点 C、D 处的点流速，并作比较。

三、实验原理

在实验管路中沿管内水流方向取 n 个过水断面。运用不可压缩流体的定常流动的总流伯努利方程，可以列出进口附近断面 1 至另一缓变流断面 i 的伯努利方程：

$$z_1 + \frac{p_1}{\rho g} + \frac{\alpha_1 u_1^2}{2g} = z_i + \frac{p_i}{\rho g} + \frac{\alpha_i u_i^2}{2g} + H_f \qquad (5\text{-}2)$$

其中，$i = 2, 3, 4, \cdots, n$；取 $\alpha_1 = \alpha_2 = \cdots = \alpha_n = 1$。

选好基准面，从断面处已设置的静压测管中读出测管水头 $z + \dfrac{p}{\rho g}$ 的值；通过测量管路的流量，计算出各断面的平均流速 u 和 $\dfrac{\alpha u^2}{2g}$ 的值，最后即可得到各断面的总水头 $z + \dfrac{p}{\rho g} + \dfrac{\alpha u^2}{2g}$ 的值。

四、实验装置

1. 实验装置流程示意图

机械能转化实验装置见图 5-5。实验测试导管管路如图 5-6 所示。

2. 实验设备主要技术参数

机械能转化实验设备主要参数见表 5-1。

五、实验方法及步骤

1. 将低位水箱灌入一定量的蒸馏水，关闭离心泵出口上水阀及实验测试导管出口流量调节阀、排气阀、排水阀，打开循环水阀后启动离心泵。

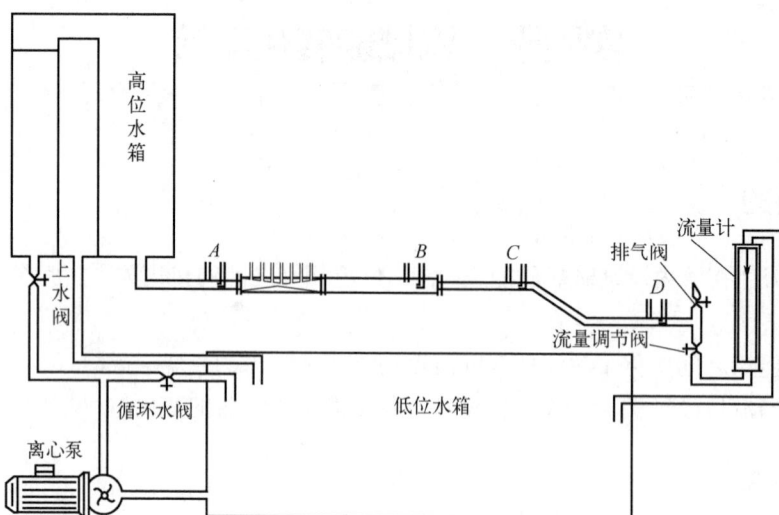

图 5-5　机械能转化实验流程示意图

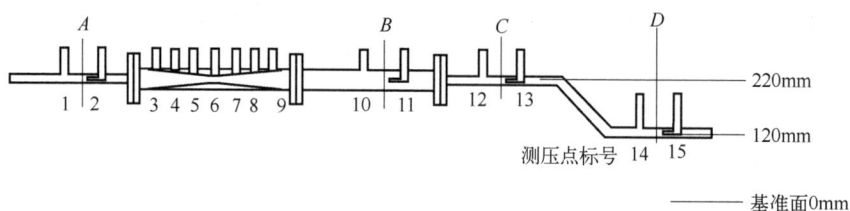

图 5-6　实验测试导管管路图

表 5-1　设备主要参数

序号	名称	规格（尺寸）	材料
1	主体设备离心泵	型号：WB50/025	不锈钢
2	低位水箱	880mm×370mm×550mm	不锈钢
3	高位水箱	445mm×445mm×730mm	有机玻璃

2. 逐步开大离心泵出口上水阀，当高位水箱溢流管有液体溢流后，利用流量调节阀调节出水流量。稳定一段时间。

3. 待流体稳定后读取并记录各点数据。

4. 逐步关小流量调节阀，重复以上步骤继续测定多组数据。

5. 分析讨论流体流过不同位置处的能量转化关系并得出结论。

6. 关闭离心泵，结束实验。

六、实验注意事项

1. 不要将离心泵出口上水阀开得过大，以免使水流冲击到高位水箱外面，导致高位水箱液面不稳定。

2. 水流量增大时，应检查一下高位水箱内水面是否稳定，当水面下降时要适当开大上水阀补充水量。

3. 水流量调节阀调小时要缓慢，以免造成流量突然下降使测压管中的水溢出管外。

4. 注意排出实验导管内的空气泡。

5. 离心泵不要空转，且不可在出口阀门全关的条件下工作。

七、思考题

1. 实验中通过哪些参数计算流体在管路中的机械能损失？

2. 假如实验导管中存在气泡，对压头有何影响？

实验十一　流线演示实验

一、实验目的

1. 了解流体流动过程中流线和轨线的概念。

2. 观察在定态流动时，流体流过不同结构体的流线（轨线）情况，并对边界层分离现象作初步的分析了解。

二、实验原理

轨线是某一流体质点的运动轨迹，采用拉格朗日法考察流体的运动。流线则是某一瞬间流体内各流体质点的速度及方向，采用的是欧拉法。只有在定态流动时流线和轨线重合（目前所研究考察的一般为定态过程）。在流体内同一点某一时刻只有一个速度，所以各流线不会相交。流体在流动过程中若流动方向和流道面积改变时，必然造成流速的改变，从而导致边界层的脱体而形成大量的旋涡（死区）。本实验通过让流体流过不同构件，观察其内部的流线情况。

三、实验装置

1. 实验装置流程示意图

实验装置流程如图 5-7 所示，主要部件为由 5 个透明有机玻璃制成的（截面为长方形）的通道，其内安置有不同构件组合进行比较，这些构件组合都有一定的可比性，通过比较流体流过不同构件组合的情况进行流场比较，从而可解释在实际应用、工业设计中的一些现象和构思。这些组合依次为：A1 突缩、突扩及转子流量计；A2 孔板和文丘里模型；A3 圆形及带尾翼圆形；A4 换热器内的圆缺型和圆环型折流挡板；A5 列管换热器列管的正三角叉排和正方形顺排。在每个构件前均装有平行栅板整流设施，以保证流入构件时的流体为平行均匀流动。其工作流体为循环水，主要作用原理是各流道前装有一文丘里喷射吸气器，在水流入各流道前会吸入空气并由于摩擦气体被破碎成细小的小气泡随水一起流入各流道内，从而可通过各通道内小气泡的运动情况来代替流线（轨线）来观察其流过不同构件组合的情况。

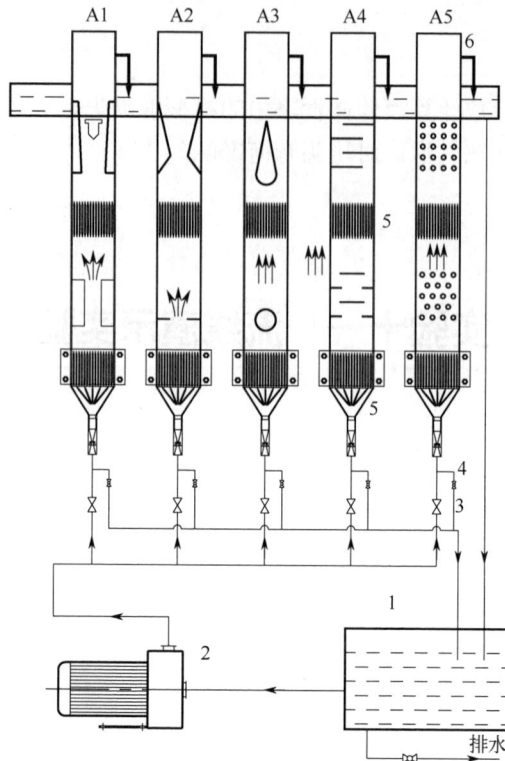

图 5-7　流线（轨线）演示装置流程图

1—循环水箱；2—循环水泵；3—调节阀；4—进气调节阀；5—导流条；6—溢流管

2. 仪表及参数

离心泵：电压 380V，最大流量 15m³/h，扬程 19.8m，功率 1.5kW。

水箱：95L，透明 PE 材质。

水槽：有机玻璃，1480mm×150mm×90mm，厚 10mm。

四、实验操作步骤

1. 检查：首先检查各调节阀、进气口是否处于关闭状态。

2. 启动水泵，逐个开启调节阀，调节各进气口阀门，使水量和进气量合适。一般应使水流速度在导流条处均匀分布，气泡分布均匀，大小合适。

水流过小：不能产生负压，形不成进气而产生气泡。

水流过大：在导流条中心流量大，在两侧流量小，不均匀。

进气量过小：形成的气泡很少很小，效果不明显。

进气量过大：形成的气泡很多很大，效果不好。

3．在合适的流量下，分别进行观察、比较、分析，通过小气泡的流动情况，观察流体流过不同构件的流动情况。

4．分别调节水流大小、进气量大小，观察其内部的变化情况。

5．关闭时，先关闭各进气口，再关闭各阀门，再停泵。如果想排净流道内的水，可在停泵状况下，打开各调节阀。

五、注意事项

1．因为泵是机械密封，必须在泵充满水时使用，若泵内无水空转，易造成机械密封件升温损坏而导致密封不严，需专业厂家更换机械密封。因此，严禁泵内无水空转！

2．长期不用时，应将槽内水放出，并用湿软布擦拭水箱，防止水垢等杂物粘在上面。在冬季室内温度达到冰点时，设备内严禁存水。

3．因本设备主体是有机玻璃制作，注意防止强烈振动。

六、思考题

1．什么是欧拉法和拉格朗日法，各自有何特点？

2．为什么会存在边界层分离现象？

3．为什么文丘里流量计的能量损失比孔板流量计要小？

实验十二　非均相旋风分离实验

一、实验目的

1．观察沉降室、旋风分离器及布袋除尘器运行时的情况。

2．加深对沉降室、旋风分离器及布袋除尘器作用原理的了解。

二、实验内容

1．演示含尘气体通过重力沉降室、旋风分离器时，含尘气体、固体尘粒和气体的运动路线。先给学生以直观生动的印象，后引导学生从理论上去进行解释，可达到正确理解和描述旋风分离器的工作原理的目的。

2．定性地观察旋风分离器内，径向上的静压强分布和分离器底部出灰口等处出现负压的情况，引导学生认识出灰口和集尘室密封良好的必要性。

3．定性地观察分离器的分离效果和流动阻力随进口气速的变化趋势，引导学生思考适宜气速该如何确定。

4.可利用本装置制备实验用含尘气体的办法,观察固体颗粒从文丘里管处被吸入的现象,加深学生对流体流动过程中能量转化问题的理解。

三、实验原理

1. 关于含尘气体、固体尘粒和气体的流动线路

含尘气体由分离器圆筒部分上的进气管,沿切线方向进入,受气壁的约束而做向下的螺旋形运动。气体和尘粒同时受到惯性离心力的作用。因尘粒的密度远大于气体的密度,所以尘粒所受到的惯性离心力远大于气体的。在远大于气体的惯性离心力的作用下,尘粒在做向下的旋转运动的同时也做向外的径向运动,其结果是尘粒被甩向器壁,与气体分离。然后在气流摩擦力和重力的作用下,再沿器壁表面做向下的螺旋运动,最后落入锥底的排灰口内。含尘气体在做向下螺旋运动的过程中逐渐净化。在到达分离器的圆锥部分时,被净化了的气流由以靠近器壁的空间为范围的下行螺旋运动改为以中心轴附近空间为范围的上行螺旋运动,最后由分离器顶部的排气管排出。下行螺旋在外,上行螺旋在内,但两者的旋转方向是相同的。下行螺旋流的上部是主要的除尘区。我们在演示实验中所看到的螺旋状轨迹,是已经被甩到器壁上的粉粒被下行螺旋气流吹扫着器壁表面向下螺旋运动的情况。

2. 关于径向静压分布

器壁附近静压强最高,从器壁到中心,静压强逐渐降低。这是由于下行和上行螺旋以相同的方向旋转,气体受惯性离心力作用被推向外的结果。这种静压强分布的一个后果是:在压差的驱使下,不断地有一部分气体由压强较高的下行旋流,沿径向内窜入压强较低的上行旋流。因此在器内任何位置上,气体都有三个方向的速度,即切向速度、径向速度和轴向速度。

从器壁到中心,切向速度先增大,至直径为排气管直径的 1/2～1/3 的圆周上达到最大,再往中心就急剧减小。在切向速度最大的圆周以内的气流,称为"气芯",具有以下几个特点:①上升的轴向速度颇大。②气芯内的静压强可小至排气管出口压强和当地大气压强以下。③低压的气芯通常由排气管的下端一直延伸到锥底的出灰口。因此出灰口及其下方的集尘室均应密封良好,否则易漏入空气,把已收集在锥底的尘粒重新吹起,严重降低分离效果。

3. 进口气速对分离效果和流动阻力的影响

气体在分离器内的流速常用进口气速 u_i 来表示。临界直径 d_c 和分割直径 d_{50} 的计算公式见式(5-3)和式(5-4)。

$$d_c = \sqrt{\frac{9\mu B}{\pi N_e u_i \rho_s}} \tag{5-3}$$

$$d_{50} = 0.27\sqrt{\frac{\mu D}{u_i \rho_s}} \tag{5-4}$$

式中,B 为旋风分离器进气口宽度,m;D 为旋风分离器的直径,m;N_e 为气流的有效旋转圈数。

可以看到，提高分离器的进口气速 u_i，可以减小临界直径 d_{50}，提高分离效率。但若进口气速过高，则会导致分离器内气体的涡流加剧，破坏固体尘粒在径向上的正常运动，延长尘粒离心沉降的时间，甚至使之还未到达器壁，或者沉降后又被气体涡流重新卷起而带走，造成分离效果下降。

在任何情况下，永远是进口气速 u_i 愈大，气体通过分离器的流动阻力 $\Delta p = \zeta \dfrac{\rho u_i^2}{2}$ 愈大，且由 $\dfrac{d(\Delta p)}{du_i} = \left(\zeta \dfrac{\rho}{2} \right) \times 2u_i$ 知 u_i 愈大，Δp 随 u_i 的变化率 $\dfrac{d(\Delta p)}{du_i}$ 愈大。因此旋风分离器的进口气速不宜过小或过大，一般以保持 $u_i = 10 \sim 25\text{m}/\text{s}$ 为宜。

四、实验装置的基本情况

实验装置流程如图 5-8 所示。

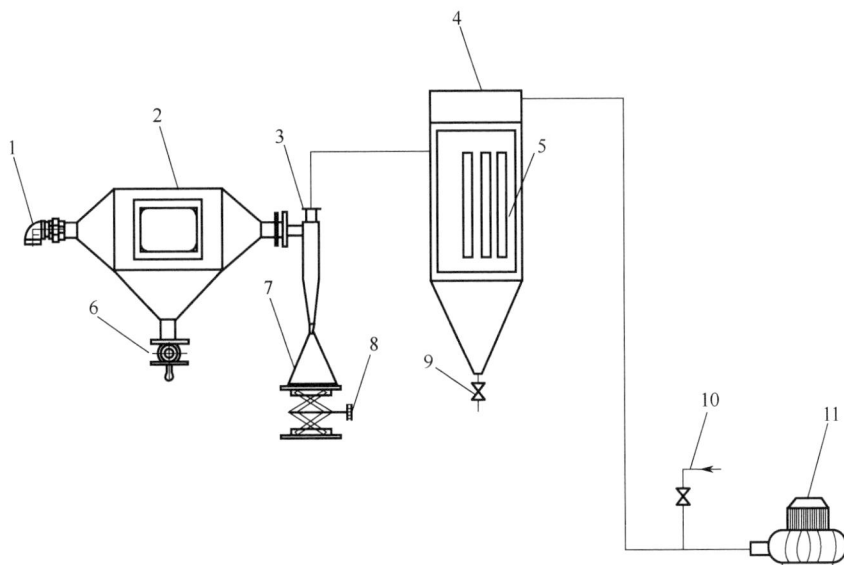

图 5-8　旋风分离装置流程示意图（型号 XGB-12）

1—进料口；2—沉降室；3—旋风分离器；4—布袋除尘器；5—布袋；6，9—放料阀；
7—收集瓶；8—升降台；10—流量调节阀；11—风机

五、实验操作步骤

1. 让流量调节阀 10 处于全开状态。接通风机的电源开关，开动风机。

2. 逐渐关小流量调节阀 10，增大通过沉降室、旋风分离器的吸风量，了解气体流量的变化趋势。

3. 将空气流量调节至阀门全部关闭状态。将实验用的固体物料（玉米面、洗衣粉等）倒入进料容器中靠近物料进口的位置，观察、分析含尘气体及其中的尘粒和气体在分离器中的运动情况。为了能够在较长的时间内连续地观察到上述情况，可用手轻轻地移动容器，推动尘粒连续加入。虽然观察者实际上所看到的是尘粒的运动轨迹，但因尘粒沿器壁的向下螺旋运动是由气流带动所致，故完全可以由此推断出含尘气流和气体的流动路线。

4．结束实验时，宜先将流量调节阀全开，后切断鼓风机的电源开关，若今后一段时间长期不用，停车后从集尘室内取出固体粉粒。

六、注意事项

1．开车和停车时，均应先让流量调节阀处于全开状态，后接通或切断风机的电源开关。

2．分离器的排灰管与沉降室的连接应比较严密，以免因负压漏入将已分离下来的尘粒被重新吹起带走。

3．实验时，若气体流量足够小，且固体粉粒比较潮湿，则固体粉粒会沿着向下螺旋运动的轨迹贴附在器壁上。若想去掉贴附在器壁上的粉粒，可在大流量下，向文丘里管内加入固体粉粒，用从含尘气体中分离出来的高速旋转的新粉粒，将原来贴附在器壁上的粉粒冲刷掉。

七、思考题

1．若空气从圆筒径向进入旋风分离器，对分离效果有何影响？

2．若集灰斗出口阀不完全关闭对分离效果有何影响？

3．评价旋风分离器性能优劣的指标有哪些？试具体说明。

实验十三　　液-液萃取实验

一、实验目的

1．了解脉冲填料萃取塔、搅拌萃取塔、往复筛板萃取塔的结构。

2．掌握萃取塔性能的测定方法。

3．了解萃取塔传质效率的强化方法。

二、实验内容

1．观察有无空气脉冲或不同进气量、不同搅拌转速时，塔内液滴变化和流动状态。

2．固定两相流量，测定有无脉冲或不同进气量或不同搅拌转速或不同往复频率时萃取塔的传质单元数 N_{OE}、传质单元高度 H_{OE} 及总传质系数 $K_{YE} \cdot a$。

三、实验原理

桨叶式搅拌萃取塔是一种外加能量的萃取设备。在塔内由环形隔板将塔分成若干段，每段的旋转轴上设有桨叶。在萃取过程中由于桨叶的搅动，增加了分散相的分散程度，促进了相际接触表面积的更新和扩大。隔板的作用在一定程度上抑制了轴向返混，因而桨叶式搅拌萃取塔的效率较高。桨叶转速若太高，也会导致两相乳化，难以分相。

萃取塔的分离效率可以用传质单元高度 H_{OE} 或理论级当量 h_e 表示。对几何尺寸一定的桨叶式萃取塔来说，在两相流量固定条件下，从较低的转速开始增加时，传质单元高度降低，转速增加到某值时，传质单元高度将降到最低值，若继续增加转速，将会使传质单元高度增加，即塔的分离能力下降。

本实验以水为萃取剂，从煤油中萃取苯甲酸。水相为萃取相（用字母 E 表示，本实验又称连续相、重相）。煤油相为萃余相（用字母 R 表示，本实验中又称分散相、轻相）。轻相入口处，苯甲酸在煤油中的浓度应保持在 0.0015～0.0020kg 苯甲酸/kg 煤油之间为宜。轻相由塔底进入，作为分散相向上流动，经塔顶分离段分离后由塔顶流出；重相由塔顶进入作为连续相向下流动至塔底经 π 形管流出；轻重两相在塔内呈逆向流动。在萃取过程中，苯甲酸部分地从萃余相转移至萃取相。萃取相及萃余相进出口浓度由容量分析法测定。考虑水与煤油是完全不互溶的，且苯甲酸在两相中的浓度都很低，可认为在萃取过程中两相液体的体积流量不发生变化。

按萃取相计算传质单元数 N_{OE} 的计算公式为：

$$N_{OE} = \int_{Y_{Et}}^{Y_{Eb}} \frac{dY_E}{(Y_E^* - Y_E)} \tag{5-5}$$

式中，Y_{Et} 为苯甲酸在进入塔顶的萃取相中的组成，kg 苯甲酸/kg 水（本实验中 $Y_{Et}=0$）；Y_{Eb} 为苯甲酸在离开塔底萃取相中的组成，kg 苯甲酸/kg 水；Y_E 为苯甲酸在塔内某一高度处萃取相中的组成，kg 苯甲酸/kg 水；Y_E^* 为与苯甲酸在塔内某一高度处萃余相组成 X_R 成平衡的萃取相中的组成，kg 苯甲酸/kg 水。

用 Y_E-X_R 图上的分配曲线（平衡曲线）与操作线可求得 $\frac{1}{(Y_E^* - Y_E)}$ -Y_E 关系，再进行图解积分可求得 N_{OE}。对于水-煤油-苯甲酸物系，Y_E-X_R 图上的分配曲线可由实验测定得出。

（1）按萃取相计算的传质单元高度 H_{OE}

传质单元高度表示设备传质性能的好坏，可由式（5-6）表示：

$$H_{OE} = \frac{H}{N_{OE}} \tag{5-6}$$

式中，H 为萃取塔的有效高度，m；H_{OE} 为按萃取相计算的传质单元高度，m。

已知塔高度 H 和传质单元数 N_{OE}，可由上式求得 H_{OE} 的数值。H_{OE} 反映萃取设备传质性能的好坏，H_{OE} 越大，设备效率越低。影响萃取设备传质性能 H_{OE} 的因素很多，主要有设备结构因素、两相物性因素、操作因素以及外加能量的形式和大小。

（2）按萃取相计算的总体积传质系数

$$K_{YE} \cdot a = \frac{S}{H_{OE} A} \tag{5-7}$$

式中，S 为萃取相中纯溶剂的流量，kg 水/h；A 为萃取塔截面积，m^2；$K_{YE} \cdot a$ 为按萃取相计算的总体积传质系数，kg 水/(m³·h)。

四、实验装置的基本情况

1. 实验装置

液-液萃取实验装置如图 5-9 所示。本萃取塔为桨叶式旋转萃取塔，塔身采用硬质硼硅酸盐玻璃管，塔顶和塔底玻璃管端扩口处通过增强酚醛压塑法兰、橡皮圈、橡胶垫片与不锈钢法兰连接，密封性能好。塔内设有 16 个环形隔板，将塔身分为 15 段。相邻两隔板间距 40mm，每段中部位置设有在同轴上安装的由 3 片桨叶组成的搅动装置。搅拌转动轴底端装有轴承，顶端经轴承穿出塔外与安装在塔顶上的电机主轴相连。电动机为直流电动机，通过调节变压器改变电机电枢电压的方法作无级变速。操作时的转速控制由指示仪表给出相应的电压值来控制。塔下部和上部轻重两相的入口管分别在塔内向上或向下延伸约 200mm，形成两个分离段，轻重两相将在分离段内分离。萃取塔的有效高度 H 则为轻相入口管管口到两相界面之间的距离。

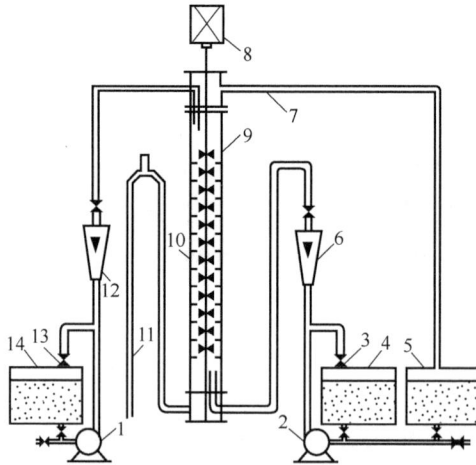

图 5-9　萃取塔实验装置流程示意图

1—水泵；2—油泵；3—煤油回流阀；4—煤油原料箱；5—煤油回收箱；6—煤油流量计；7—回流管；
8—电机；9—萃取塔；10—桨叶；11—π 形管；12—水转子流量计；13—水回流阀；14—水箱

2. 主要技术参数

实验装置主要技术参数见表 5-2。

表 5-2　主要技术参数表

序号	设备名称	型号	尺寸
1	磁力泵	16CQ-8P	
2	萃取塔		内径 37mm 高度 1000mm

3. 实验装置面板

实验装置面板见图 5-10。

五、实验步骤

1. 在实验装置最右边的贮槽内放满水，在最左边的贮槽内放满配制好的轻相入口煤油，分别开动水相和煤油相送液泵的电闸，将两相的回流阀打开使其循环流动。

2. 全开水转子流量计调节阀，将重相（连续相）送入塔内。当塔内水面快上升到重相入口与轻相出口之间中点时，将水流量调至指定值（4L/h），并缓慢改变 π 形管高度使塔内液位稳定在重相入口与轻相出口之间中点附近的位置上。

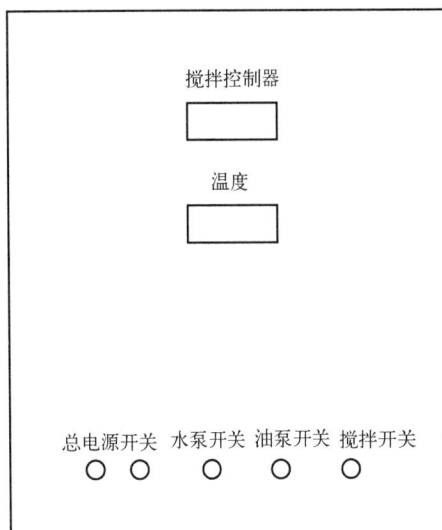

图 5-10 萃取面板示意图

3. 将调速装置旋钮调至零位，接通电源，开动电动机并调至某一固定转速。调速时应小心谨慎，慢慢地升速，绝不能调节过量致使马达产生"飞转"而损坏设备。

4. 将轻相（分散相）流量调至指定值（6L/h），要及时调节 π 形管高度。在实验过程中，始终保持塔顶分离段两相的相界面位于重相入口与轻相出口之间中点附近。

5. 在操作过程中，要绝对避免塔顶的两相界面过高或过低。若两相界面过高，到达轻相出口的高度，则会导致重相混入轻相贮罐。

6. 操作稳定半小时后用锥形瓶收集轻相进、出口的样品各约 50mL，重相出口样品约 100mL 备分析浓度之用。

7. 取样后，即可改变桨叶的转速，其他条件不变，进行第二个实验点的测试。

8. 用容量分析法测定各样品的浓度。用移液管分别取煤油相 10mL、水相 25mL 样品，以酚酞做指示剂，用 0.01mol/L 的 NaOH 标准液滴定样品中的苯甲酸。在滴定煤油相时应在样品中加 10mL 纯净水，并剧烈地摇动滴定至终点。

9. 实验结束，先关闭两相流量计，再将调速器调至零位使搅拌轴停止转动，切断电源。滴定过的煤油集中存放回收。洗净分析仪器，一切复原，保持实验台面的整洁。

六、注意事项

1. 调节桨叶转速时要小心谨慎，慢慢升速，切不可增速过猛使马达产生"飞转"损坏设备。最高转速可达 600r/min。从流体力学性能考虑，若转速太高，容易液泛，操作不稳定。对于煤油-水-苯甲酸物系，建议在 500r/min 以下操作。

2. 整个实验过程中，塔顶两相界面一定要控制在轻相出口和重相入口之间适中位置并保持不变。

3. 由于分散相和连续相在塔顶、塔底滞留量很大，改变操作条件后，稳定时间一定要足够长（约半小时），否则误差会比较大。

4. 煤油的实际体积流量并不等于流量计指示的读数。需要用到煤油的实际流量数值时，必须用流量修正公式对流量计的读数进行修正后才可使用。

5. 煤油流量要适中，太小会导致煤油出口的苯甲酸浓度太低，从而导致分析误差较大；太大会导致煤油消耗量增加，经济上造成浪费。

七、思考题

1. 对于一种液体混合物根据哪些因素决定是采用蒸馏还是萃取方法进行分离？
2. 如何判断用某种萃取剂进行萃取分离的难易程度与可能性？
3. 温度对萃取分离效果有何影响？

第六章

化工原理实验报告数据处理样例

实验一 流动阻力测定数据处理

一、光滑管直管阻力测定

传统设备与升级设备所测数据及数据处理要求一致，故数据处理以传统设备所测的数据计算为例。

传统设备光滑管流动阻力测定实验的数据记录及处理如表 6-1 所示。

表 6-1 流动阻力实验数据处理

序号	流量/(L/h)	直管压差 Δp		Δp/Pa	流速 u/(m/s)	Re	λ
		光滑管内径 8mm，管长 1.682m					
		被测流体：水 温度：30.7℃ 密度 ρ=994.97kg/m³ 黏度 μ=0.79mPa·s					
		kPa	mmH₂O				
1	1000	72.1		72100	5.53	55708	0.02255
2	900	59.6		59600	4.98	50138	0.02301
3	800	47.2		47200	4.42	44567	0.02306
4	700	37.7		37700	3.87	38996	0.02406
5	600	28.3		28300	3.32	33425	0.02459
6	500	20.5		20500	2.76	27854	0.02564
7	400	13.3		13300	2.21	22283	0.02600
8	300	7.9		7900	1.66	16713	0.02745
9	200	4.9		4900	1.11	11142	0.03831
10	160	2.4		2400	0.88	8913	0.02932

序号	流量/(L/h)	直管压差 Δp		Δp/Pa	流速 u/(m/s)	Re	λ
		kPa	mmH₂O				
11	120	1.6		1600	0.66	6685	0.03475
12	100		154	1503	0.55	5571	0.04701
13	90		131	1279	0.50	5014	0.04937
14	80		106	1035	0.44	4457	0.05056
15	70		88	859	0.39	3900	0.05482
16	60		69	673	0.33	3343	0.05851
17	50		55	537	0.28	2785	0.06716
18	40		39	381	0.22	2228	0.07441
19	30		23	224	0.17	1671	0.07801
20	20		13	127	0.11	1114	0.09921
21	10		8	78	0.06	557	0.24421

以表 6-1 第 16 组数据为例：

管内水 Q=60L/h，Δp=69mmH$_2$O，水温 t=30.7℃

黏度 μ =0.79×10^{-3}Pa·s，密度 ρ =994.97kg/m^3

管内流速 $u = \dfrac{Q}{\dfrac{\pi}{4}d^2} = \dfrac{60/(3600\times1000)}{(\pi/4)\times0.008^2} = 0.33$ （m/s）

阻力降 $\Delta p_f = \rho g h = 994.97 \times 9.81 \times \dfrac{69}{1000} = 673$ （Pa）

雷诺数 $Re = \dfrac{du\rho}{\mu} = \dfrac{0.008\times0.33\times994.97}{0.79\times10^{-3}} = 3.343\times10^3$

阻力系数 $\lambda = \dfrac{2d}{\rho l} \times \dfrac{\Delta p_f}{u^2} = \dfrac{2\times0.008}{994.97\times1.682} \times \dfrac{673}{0.33^2} = 5.85\times10^{-2}$

绘制光滑管的 λ-Re 摩擦系数图，如图 6-1 所示。

二、局部阻力测定

局部阻力测定及数据处理表如表 6-2 所示。

以表 6-2 第 2 组数据为例：

Q=800L/h，近端压差 Δp_{23}=27.5kPa，远端压差 Δp_{14}=28.1kPa

管内流速 $u = \dfrac{Q}{\dfrac{\pi}{4}d^2} = \dfrac{800/(3600\times1000)}{(\pi/4)\times0.015^2} = 1.26$ （m/s）

局部阻力 $\Delta p_f' = 2\Delta p_{23} - \Delta p_{14} = (2\times27.5-28.1)\times1000 = 26900$ （Pa）

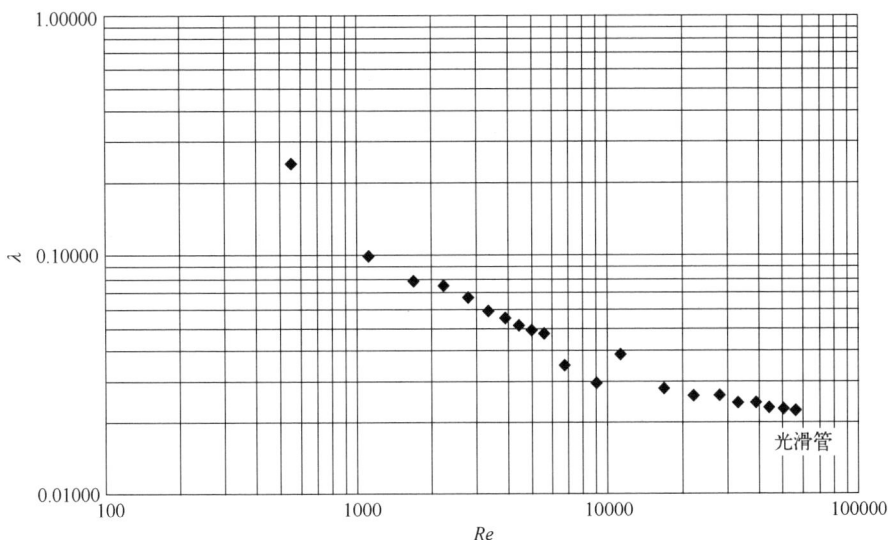

图 6-1　光滑直管的摩擦系数图

表 6-2　局部阻力实验数据表（管内径 15mm）

被测流体：水　温度：32.7℃　密度 ρ=994.37kg/m　黏度 μ=0.75mPa·s					
序号	Q/(L/h)	近端压差 Δp_{23}/kPa	远端压差 Δp_{14}/kPa	u/(m/s)	局部阻力压差/Pa	阻力系数 ζ
1	1000	43.5	44.4	1.573	42600	34.4
2	800	27.5	28.1	1.258	26900	34.0

$$局部阻力系数\ \zeta = \frac{2}{\rho} \times \frac{\Delta p'_f}{u^2} = \frac{2}{994.37} \times \frac{26900}{1.26^2} = 34.0$$

实验二　流量计的标定数据处理

以文丘里流量计为例，流量计性能测定的数据记录表如表 6-3 所示。

表 6-3　流量计标定实验数据记录表

被测流体：水　温度：32.2℃　密度 ρ=994.52kg/m³　黏度 μ=0.76×10⁻³Pa·s					
序号	文丘里流量计压差/kPa	文丘里流量计压差/Pa	流量 Q/(m³/h)	流速 u/(m/s)	Re	C_v
1	39.1	39100	10.20	1.952	109840	1.020
2	35.4	35400	9.56	1.830	102948	1.005
3	27.3	27300	8.49	1.625	91425	1.016
4	23.1	23100	7.81	1.495	84103	1.016
5	15.1	15100	6.32	1.210	68058	1.017
6	11	11000	5.40	1.033	58150	1.018

序号	文丘里流量计压差/kPa	文丘里流量计压差/Pa	流量 Q/(m³/h)	流速 u/(m/s)	Re	C_v
7	6.8	6800	4.26	0.815	45874	1.022
8	3.8	3800	3.25	0.622	34998	1.043
9	2.7	2700	2.68	0.513	28860	1.020
10	0.4	400	1.28	0.245	13784	1.266

以表 6-3 第 5 组数据为例：

涡轮流量计 V_s=6.32m³/h，流量计压差=15.1kPa

实验水温 t=32.2℃，黏度 μ=0.76×10⁻³Pa·s，密度 ρ=994.52kg/m³

$$u = \frac{6.32}{3600 \times \frac{\pi}{4} \times 0.043^2} = 1.21(\text{m/s})$$

$$Re = \frac{du\rho}{\mu} = \frac{0.043 \times 1.21 \times 994.52}{0.76 \times 10^{-3}} = 6.81 \times 10^4$$

$$Q = C_v A_0 \sqrt{\frac{2\Delta p}{\rho}}$$

$$C_v = \frac{Q}{A_0 \sqrt{\frac{2\Delta p}{\rho}}}$$

代入数据，$C_v = \dfrac{6.32}{3600 \times \frac{\pi}{4} \times 0.02 \times 0.02 \times \sqrt{\frac{2 \times 15.1 \times 1000}{994.52}}} = 1.017$

绘制光滑管的 C_v-Re 的关系图，如图 6-2 所示。

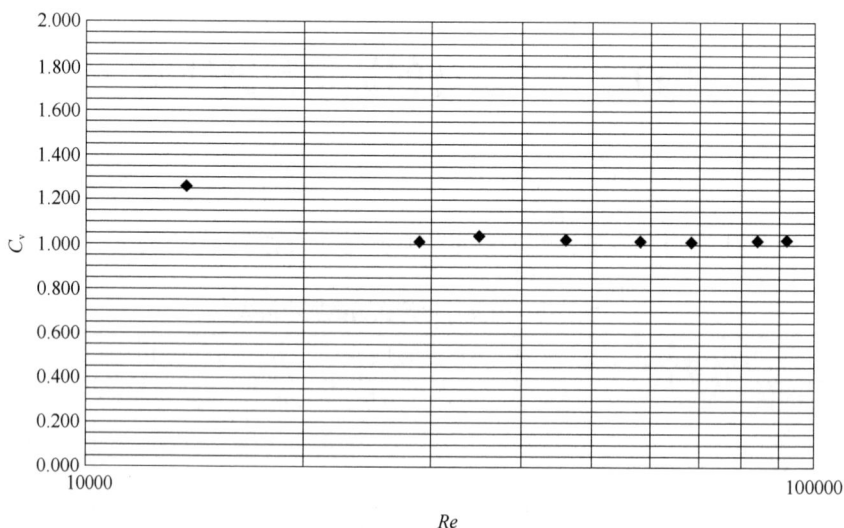

图 6-2 C_v-Re 关系图

实验三　离心泵综合实验数据处理

一、离心泵性能的测定

离心泵性能测定实验数据处理如表 6-4 所示。

表 6-4　离心泵性能测定数据记录表

序号	入口压力 p_1/MPa	出口压力 p_2/MPa	电机功率/kW	流量 Q/(m³/h)	压头 H/m	轴功率 N/W	η/%
		水温度 32.2℃，密度 ρ=994.52kg/m³，泵进出口高度差=0.380m					
1	−0.018	0.04	0.73	10.21	6.3	438	39.956
2	−0.016	0.07	0.79	9.63	9.2	474	50.626
3	−0.012	0.095	0.78	8.72	11.3	468	57.299
4	−0.009	0.112	0.76	7.73	12.8	456	58.722
5	−0.005	0.133	0.74	6.73	14.5	444	59.665
6	−0.002	0.153	0.73	5.56	16.3	438	55.962
7	0	0.167	0.71	4.59	17.5	426	51.092
8	0	0.183	0.69	3.52	19.1	414	44.096
9	0	0.195	0.66	2.58	20.4	396	35.961
10	0	0.205	0.63	1.39	21.4	378	21.319
11	0	0.213	0.58	0.69	22.2	348	11.936
12	0	0.22	0.54	0.00	22.9	324	0.000

以表 6-4 第 1 组数据为例：

涡轮流量计读数 Q = 10.21m³/h，功率表读数=0.73kW，出口压力=0.04MPa，泵入口压力=−0.018MPa。

实验水温=32.2℃，黏度 μ=0.76×10⁻³Pa·s，密度 ρ=994.52kg/m³，

$$H = (Z_{出} - Z_{入}) + \frac{p_{出} - p_{入}}{\rho g} + \frac{u_{出}^2 - u_{入}^2}{2g}$$

$$H = 0.38 + \frac{(0.018 + 0.04) \times 1000000}{994.52 \times 9.81} = 6.3 \text{（m）}$$

$$N = 功率表读数 \times 电机效率 = 0.73 \times 60\% = 0.438 \text{（kW）} = 438 \text{（W）}$$

$$\eta = \frac{N_e}{N}$$

$$N_e = \frac{HQ\rho}{102} = \frac{6.3 \times 10.21 / 3600 \times 1000 \times 994.52}{102} = 174 \text{（W）}$$

$$\eta = \frac{174}{438} = 39.77\%$$

二、管路特性曲线的测定

管路特性实验数据处理如表 6-5 所示。

表 6-5　管路特性数据记录表

序号	电机频率/Hz	入口压力 p_1/MPa	出口压力 p_2/MPa	流量 Q/(m³/h)	压头 H/m
	水温度 32.2℃，密度 ρ=994.52kg/m³，泵进出口高度差=0.380m				
1	50	0.017	−0.075	9.66	9.81
2	48	0.016	−0.068	9.27	9.00
3	46	0.014	−0.065	8.91	8.48
4	44	0.013	−0.06	8.57	7.87
5	42	0.012	−0.055	8.19	7.25
6	40	0.01	−0.049	7.81	6.43
7	38	0.009	−0.045	7.44	5.92
8	36	0.008	−0.042	7.06	5.51
9	34	0.006	−0.04	6.67	5.10
10	32	0.005	−0.037	6.28	4.69
11	30	0.004	−0.035	5.90	4.38
12	25	0.001	−0.026	4.90	3.15
13	20	0	−0.019	3.89	2.33
14	15	0	−0.015	2.87	1.92
15	10	0	−0.01	1.73	1.41
16	0	0	0	0	0.38

以表 6-5 第 1 组数据为例：

涡轮流量计读数 Q=9.66m³/h，出口压力=-0.075MPa，泵入口压力=0.017MPa。

实验水温=32.2℃，黏度 μ=0.76×10⁻³Pa·s，密度 ρ=994.52kg/m³。

$$H = (Z_出 - Z_入) + \frac{p_出 - p_入}{\rho g} + \frac{u_出^2 - u_入^2}{2g}$$

$$H = 0.38 + \frac{(0.017 + 0.075) \times 1000000}{994.52 \times 9.81} = 9.81\text{（m）}$$

离心泵特性曲线及管路特性曲线见图 6-3，由两条曲线的交点读取离心泵的工作点。

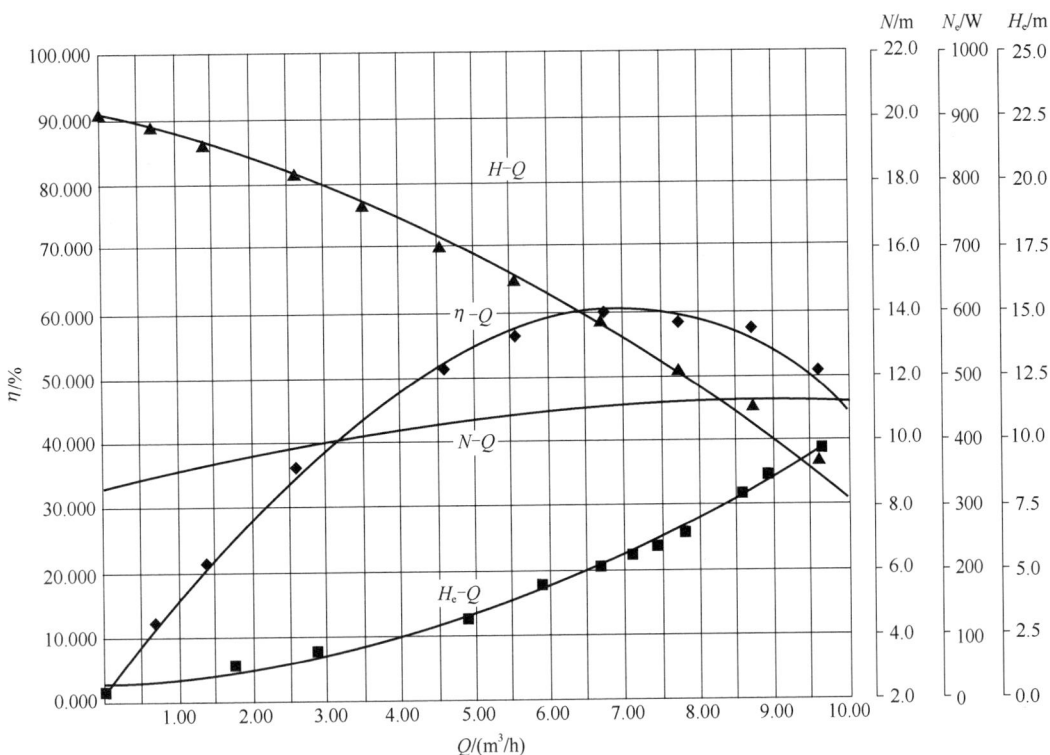

图 6-3　离心泵特性曲线及管路特性曲线

实验四　恒压过滤实验数据处理

一、传统设备数据处理

传统设备原始数据记录及整理数据如表 6-6 所示。

表 6-6　传统设备原始数据记录表

序号	高度/mm	0.05MPa	0.10MPa	0.15MPa
		时间 θ/s	时间 θ/s	时间 θ/s
1	60	0.00	0.00	0.00
2	70	20.30	11.33	8.30
3	80	52.20	27.80	22.02
4	90	93.64	52.93	37.36
5	100	139.58	82.65	60.49
6	110	198.98	117.65	87.30
7	120	269.42	159.52	117.55
8	130	347.77	206.86	152.08
9	140	440.89	261.02	189.55
10	150	552.14	320.43	233.46

以表 6-6 的 0.05MPa 第 2 组数据为例。

过滤常数 K 和当量滤液体积 q_e 的计算：

已知过滤面积 $A=0.0475m^2$，计量桶长 327mm、宽 286mm

$$V = SH = 0.327 \times 0.286 \times 0.01 = 9.352 \times 10^{-4} \ (m^3)$$

$$q = V / A = 9.352 \times 10^{-4} / 0.0475 = 0.0197 \ (m^3 / m^2)$$

$$\Delta q = 0.0394 - 0.0197 = 0.0197 \ (m^3 / m^2)$$

$$\bar{q} = \frac{q_2 + q_3}{2} = \frac{0.0197 + 0.0394}{2} = 0.03 \ (m^3 / m^2)$$

$$\Delta \theta = 52.20 - 20.30 = 31.90 \ (s)$$

$$\frac{\Delta \theta}{\Delta q} = \frac{31.90}{0.0197} = 1619.29 \ (s \cdot m^2 / m^3)$$

如此计算其余条件下的数据，整理数据如表 6-7 所示。

表6-7 过滤实验原始及整理数据表

序号	高度 /mm	$q /$ (m³/m²)	$\Delta q /$ (m³/m²)	$\bar{q} /$ (m³/m²)	0.05MPa			0.10MPa			0.15MPa		
					时间 θ/s	$\Delta\theta$/s	$\frac{\Delta\theta}{\Delta q}$	时间 θ/s	$\Delta\theta$/s	$\frac{\Delta\theta}{\Delta q}$	时间 θ/s	$\Delta\theta$/s	$\frac{\Delta\theta}{\Delta q}$
1	60	0.0000	0.0197	0.010	0.00	20.30	1023.8808	0.00	11.33	571.4566	0.00	8.30	418.6311
2	70	0.0197	0.0197	0.030	20.30	31.90	1608.9556	11.33	16.47	830.7053	8.30	13.72	692.0022
3	80	0.0394	0.0197	0.050	52.20	41.44	2090.1291	27.80	25.13	1267.494	22.02	15.34	773.7109
4	90	0.0591	0.0197	0.069	93.64	45.94	2317.0978	52.93	29.72	1499.002	37.36	23.13	1166.619
5	100	0.0788	0.0197	0.089	139.58	59.40	2995.9862	82.65	35.00	1765.312	60.49	26.81	1352.229
6	110	0.0984	0.0197	0.109	198.98	70.44	3552.816	117.65	41.87	2111.817	87.30	30.25	1525.734
7	120	0.1181	0.0197	0.129	269.42	78.35	3951.7765	159.52	47.34	2387.71	117.55	34.53	1741.606
8	130	0.1378	0.0197	0.149	347.77	93.12	4696.738	206.86	54.16	2731.694	152.08	37.47	1889.892
9	140	0.1575	0.0197	0.169	440.89	111.25	5611.1695	261.02	59.41	2996.491	189.55	43.91	2214.71
10	150	0.1772			552.14			320.43			233.46		

根据表中不同压力下的 $\frac{\Delta\theta}{\Delta q}$ 和 $\bar{q}$，作 $\frac{\Delta\theta}{\Delta q}$-$\bar{q}$ 直线图，示例如图 6-4 所示。

从 $\frac{\Delta\theta}{\Delta q}$-$\bar{q}$ 关系图上 0.05MPa 的直线得：

$$斜率 \frac{2}{K} = 27380, \quad K = 7.3 \times 10^{-5} m^2 / s$$

$$截距 \frac{2}{K} q_e = 651.42, \quad q_e = 0.0238 m^3 / m^2$$

$$\theta_e = \frac{q_e^2}{K} = \frac{0.0238^2}{7.3 \times 10^{-5}} = 7.75 \ (s)$$

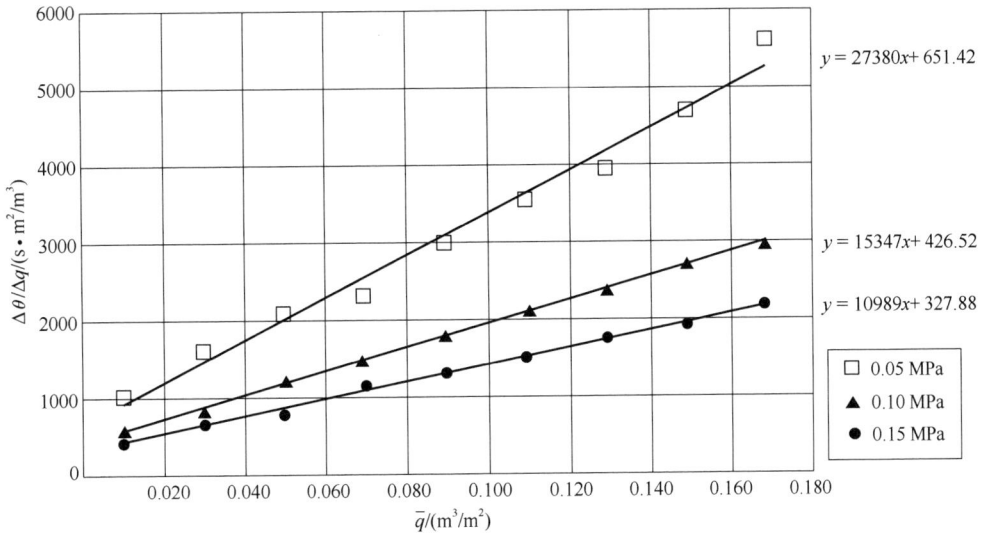

图 6-4　传统设备 $\dfrac{\Delta \theta}{\Delta q}$ - $\bar{q}$ 直线图

按以上方法依次计算 $\dfrac{\Delta \theta}{\Delta q}$ - $\bar{q}$ 关系图上 0.1MPa 和 0.15MPa 直线的过滤常数,数据见表 6-8。

表 6-8　过滤常数计算结果

序号	斜率	截距	压差/Pa	$K/(m^2/s)$	$q_e/(m^3/m^2)$	θ_e / s
1	27380	651.42	50000	7.3×10^{-5}	0.0238	7.75
2	15347	426.52	100000	1.3×10^{-4}	0.0278	5.94
3	10989	327.88	150000	1.82×10^{-4}	0.0298	4.88

$\lg K = (1-s)\lg(\Delta p) + \lg(2k)$,用 Δp 和 K 在双对数坐标系下作图或用 $\lg(\Delta p)$ 和 $\lg K$ 在直角坐标系下作图,如图 6-5 所示。

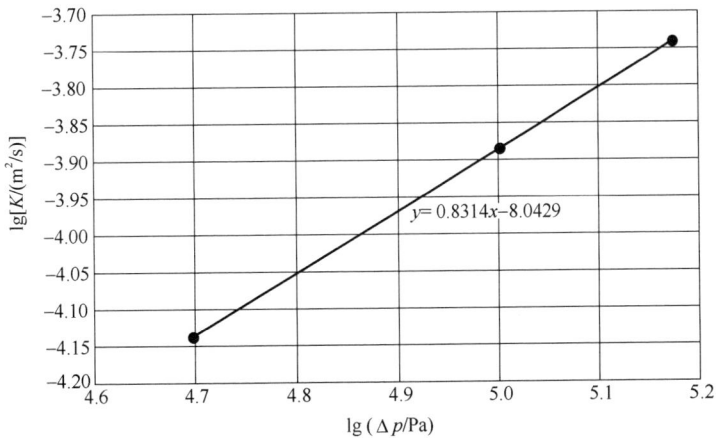

图 6-5　$\lg \Delta p$-$\lg K$ 直线图

从关系图可知，$(1-s)=0.8314, \lg(2k)=-8.0429$，可算出压缩性指数 $s=0.1686$，物料常数 $k=0.5\times10^{-8.0429}=4.53\times10^{-9}\,\mathrm{m^4/(N\cdot s)}$。

二、升级设备数据处理

升级设备原始数据记录如表 6-9 所示。

表 6-9　升级设备原始数据记录参考表格

序号	m/g	0.10MPa	0.15MPa	0.20MPa
		时间 θ/s	时间 θ/s	时间 θ/s
1	500	0	0	0
2	1000	6.43	4.81	3.50
3	1500	13.95	10.59	7.93
4	2000	23.78	17.46	14.00
5	2500	34.68	25.45	20.72
6	3000	47.03	34.24	28.50
7	3500	60.25	44.23	36.70
8	4000	74.38	54.89	45.50

以表 6-9 的 0.10MPa 组数据为例：

板框直径 D=125mm，框厚度 δ=12mm，框数量 4 个，洗涤板数量 2 个，Δp=0.1MPa，温度 T=20℃，加入的 $MgCO_3$ 的质量 $w_{物料}$=1.3kg，加入的 $MgCO_3$ 的密度 ρ_p=785g/L，加水体积数为 $V_{水}$=23.0L。

$$框容积 V_{框}=\frac{\pi}{4}D^2\times\delta\times框数=\frac{3.1416}{4}\times0.125^2\times0.012\times4=0.5891（L）$$

$$洗涤面积 A_{板}=\frac{\pi}{4}D^2\times洗涤板数\times2=\frac{3.1416}{4}\times0.125^2\times2\times2=0.04909（m^2）$$

$$过滤面积 A_{框}=\frac{\pi}{4}D^2\times框数\times2=\frac{3.1416}{4}\times0.125^2\times4\times2=0.09818（m^2）$$

查水密度、黏度与温度关系表可得到 20℃下的水密度 $\rho_{水}$=998.2g/L，水黏度 μ=1.0005mPa·s。

$$滤浆质量分数 w=\frac{w_{物料}}{w_{物料}+w_{水}}=\frac{1300}{1300+998.2\times23}=0.0535=5.35\%$$

单位体积悬浮液中所含固体体积

$$\varphi=\frac{w/\rho_P}{w/\rho_P+(1-w)/\rho_{水}}=\frac{\dfrac{0.0535}{785}}{\dfrac{0.0535}{785}+\dfrac{1-0.0535}{998.2}}=0.0671=6.71\%$$

上述数据汇总如表 6-10 所示。

表 6-10　0.1MPa 压力条件下的有关数据

框数据	框直径/mm	框厚/mm	框数	框容积/L	洗涤面积/m²	过滤面积/m²
	125	12	4	0.5891	0.04909	0.09818
实验参数	操作压力/MPa	料温/℃	水密度/(g/L)	水黏度/mPa·s		
	0.10	20	998.2	1.0005		
料液浓度	MgCO₃密度/(g/L)		水量/L	物料质量/kg	质量含量 w	体积含量 φ
	785.0		23.0	1.3	0.0535	0.0671

以表 6-9 的 0.1MPa 第 2 组数据为例。

过滤常数 K 和当量滤液量 q_e 的计算：

根据实验记录表可知，每间隔 500g（Δm 值）记录一次时间 θ，由于 $\Delta q=\Delta V/A$，过滤面积 $A_框=0.09818m^2$，因此只需得到 ΔV 即可求得 Δq 值，通过水密度和 Δm 的换算可得到实际的 ΔV 值。

$$\Delta m = 500g, \quad \rho \approx 1000g/L, \quad \Delta V = \frac{\Delta m}{\rho} \approx \frac{500}{1000} \approx 0.5（L）$$

过滤常数 K 和当量滤液量 q_e 的计算同传统设备。

已知过滤面积 $A=0.09818m^2$，所以

$$q_1 = V_1/A = 0.5\times10^{-3}/0.09818 = 0.00509（m^3/m^2）$$

$$q_2 = V_2/A = 1.0\times10^{-3}/0.09818 = 0.01019（m^3/m^2）$$

$$q_3 = V_3/A = 1.5\times10^{-3}/0.09818 = 0.01528（m^3/m^2）$$

$$\Delta q = q_3 - q_2 = 0.01528 - 0.01019 = 0.00509（m^3/m^2）$$

$$\overline{q} = \frac{q_2+q_3}{2} = \frac{0.01019+0.01528}{2} = 0.012735（m^3/m^2）$$

$$\Delta\theta = 13.95 - 6.43 = 7.52（s）$$

$$\frac{\Delta\theta}{\Delta q} = \frac{7.52}{0.00509} = 1477（s\cdot m^2/m^3）$$

如此计算其余条件下的数据。升级设备整理数据如表 6-11 所示。

表 6-11　升级设备过滤实验原始及整理数据表

序号	m/g	V/L	q/ (m³/m²)	$\overline{q}$/ (m³/m²)	Δq/ (m³/m²)	0.10MPa			0.15MPa			0.20MPa		
						时间 θ/s	$\Delta\theta$/s	$\frac{\Delta\theta}{\Delta q}$	时间 θ/s	$\Delta\theta$/s	$\frac{\Delta\theta}{\Delta q}$	时间 θ/s	$\Delta\theta$/s	$\frac{\Delta\theta}{\Delta q}$
1	500	0.5000	0.00509	0.00764	0.00509	0.00	6.43	1263	0.00	4.81	944	0.00	3.50	686
2	1000	1.0000	0.01019	0.01274	0.00509	6.43	7.52	1477	4.81	5.78	1135	3.50	4.43	868
3	1500	1.5000	0.01528	0.01783	0.00509	13.95	9.83	1930	10.59	6.87	1349	7.93	6.07	1190
4	2000	2.0000	0.02037	0.02292	0.00509	23.78	10.90	2140	17.46	7.99	1569	14.00	6.72	1317
5	2500	2.5000	0.02546	0.02801	0.00509	34.68	12.35	2425	25.45	8.79	1726	20.72	7.78	1525
6	3000	3.0000	0.03056	0.03311	0.00509	47.03	13.22	2596	34.24	9.99	1962	28.50	8.20	1607
7	3500	3.5000	0.03565	0.03820	0.00509	60.25	14.13	2774	44.23	10.66	2093	36.70	8.80	1725
8	4000	4.0000	0.04074			74.38			54.89			45.50		

根据表 6-11 中不同压力下的 $\dfrac{\Delta\theta}{\Delta q}$ 和 $\bar{q}$，作 $\dfrac{\Delta\theta}{\Delta q}$-$\bar{q}$ 直线图，如图 6-6 所示。

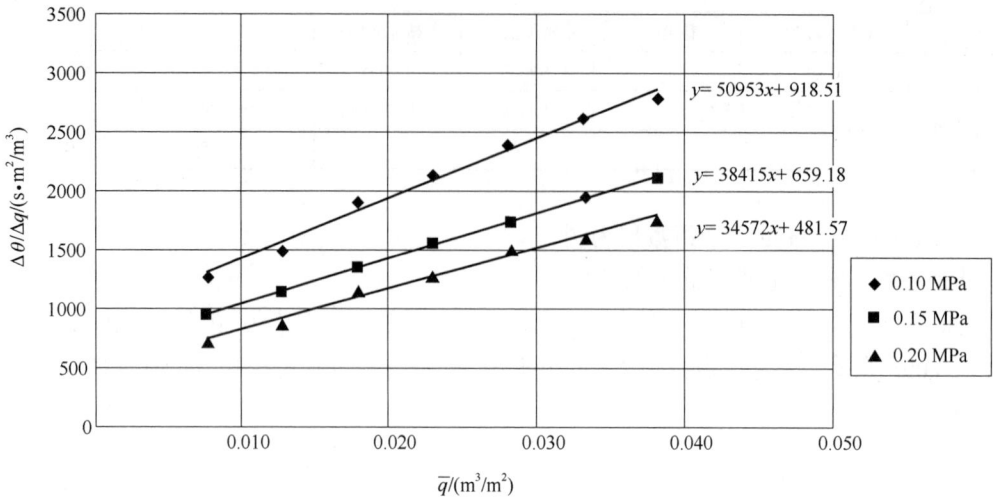

图 6-6　升级设备 $\dfrac{\Delta\theta}{\Delta q}$-$\bar{q}$ 直线图

从 $\dfrac{\Delta\theta}{\Delta q}$-$\bar{q}$ 关系图上 0.10MPa 的直线得：

$$斜率\ \frac{2}{K}=50953,\quad K=3.925\times10^{-5}\ (m^2/s)$$

$$截距\ \frac{2}{K}q_e=918.51,\quad q_e=0.01803\ (m^3/m^2)$$

$$\theta_e=\frac{q_e^2}{K}=\frac{0.01803^2}{3.925\times10^{-5}}=8.28\ (s)$$

按以上方法依次计算 $\dfrac{\Delta\theta}{\Delta q}$-$\bar{q}$ 关系图上 0.15MPa 和 0.20MPa 直线的过滤常数，数据见表 6-12。

表 6-12　过滤常数计算结果

序号	斜率	截距	压差/Pa	K/(m²/s)	q_e/(m³/m²)	θ_e/s
1	50953	918.51	100000	3.925×10^{-5}	0.01803	8.28
2	38415	659.18	150000	5.206×10^{-5}	0.01715	5.65
3	34572	481.57	200000	5.785×10^{-5}	0.01652	4.72

$\lg K=(1-s)\lg(\Delta p)+\lg(2k)$，用 Δp 和 K 在双对数坐标系下作图或用 $\lg\Delta p$ 和 $\lg K$ 在直角坐标系下作图，如图 6-7 所示。

从关系图可知，$(1-s)=0.5686$，$\lg(2k)=-7.2426$，可算出压缩性指数 $s=0.4314$，物料常

数 $k = 0.5 \times 10^{-7.2426} = 2.86 \times 10^{-8} (\text{m}^4/\text{N} \cdot \text{s})$。

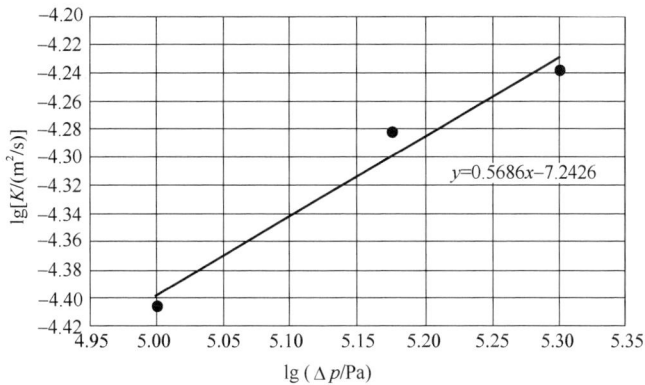

图 6-7　$\lg \Delta p$-$\lg K$ 直线图

实验五　传热综合实验数据处理

一、传统设备数据处理

传统设备传热综合实验普通管传热计算过程与强化管相仿，故以普通管举例，部分原始数据见表 6-13。

表 6-13　普通管传热综合实验原始数据表（部分）

装置编号：1	普通管					
序号	1	2	3	4	5	6
孔板流量计压差/kPa	0.69	1.52	2.31	3.02	3.68	3.98
t_1/℃	33.9	36.80	39.60	42.60	46.70	49.30
t_2/℃	74.1	72.9	72.9	73.5	75	76.1
t_w/℃	101.3	101.3	101.1	101.2	101.3	101.1

孔板流量计读数 $\Delta p = 0.69\text{kPa}$，空气进口温度 $t_1 = 33.9℃$，出口温度 $t_2 = 74.1℃$，传热管壁面温度 $t_w = 101.3℃$

（1）传热管内径 d_i 及流通截面积 F_i

$d_i = 20.00\text{mm} = 0.0200\text{m}$

$$F_i = \pi \times d_i^2 / 4 = 3.142 \times (0.0200)^2 \div 4 = 0.0003142 \ （\text{m}^2）$$

（2）传热管传热面积 S_i

$$S_i = \pi d_i L = 3.142 \times 0.02 \times 1.20 = 0.07536 \ （\text{m}^2）$$

（3）空气平均物性常数的确定

先算出空气的定性温度 t_m：$t_m = \dfrac{t_1 + t_2}{2} = 54.0$（℃）

在此温度下空气物性数据如下：

平均密度 $\rho_m = 1.09 \text{kg/m}^3$，平均比热容 $c_{pm} = 1005 \text{J/}（\text{kg} \cdot \text{K}）$

平均热导率 $\lambda_m = 0.0285 \text{W/}（\text{m} \cdot \text{K}）$，平均黏度 $\mu_m = 0.0000198 \text{Pa} \cdot \text{s}$

（4）空气流过换热器内管时平均体积流量 V_m 和平均流速的计算

孔板流量计体积流量

$$V_{t_1} = C_0 \times A_0 \times \sqrt{\frac{2 \times \Delta p}{\rho_{t_1}}}$$

$$= 0.65 \times 3.14 \times 0.014^2 \times 3600 / 4 \sqrt{\frac{2 \times 0.69 \times 1000}{1.09}} = 12.41 \text{（m}^3\text{/h）}$$

传热管内平均体积流量

$$V_m = V_{t_1} \times \frac{273 + t_m}{273 + t_1} = 12.41 \times \frac{273 + 54.0}{273 + 33.9} = 13.86 \text{（m}^3\text{/h）}$$

平均流速

$$u_m = V_m / (F \times 3600) = 13.86 / (0.0003142 \times 3600) = 12.25 \text{（m/s）}$$

（5）壁面和冷流体间的平均温度差 Δt_m 的计算

$$\Delta t_m = t_w - \frac{t_1 + t_2}{2} = 101.3 - 54.0 = 47.30 \text{（℃）}$$

（6）传热速率

$$Q = \frac{V_m \rho_m c_{pm} (t_2 - t_1)}{3600} = \frac{13.86 \times 1.09 \times 1005 \times (74.1 - 33.9)}{3600} = 170 \text{（W）}$$

（7）管内传热系数

$$\alpha_i = Q / (\Delta t_m \times S_i) = 171 / (47.30 \times 0.07536) = 48 \left[\text{W/}（\text{m}^2 \cdot \text{℃}）\right]$$

（8）各特征数

$$Nu = \alpha_i \times d_i / \lambda = 48 \times 0.0200 / 0.0285 = 33$$

$$Re = d_i \times u_m \rho_m / \mu_m = 0.0200 \times 12.25 \times 1.09 / 0.0000198 = 13541$$

$$Pr = \frac{c_p \mu}{\lambda} = \frac{1005 \times 1.98 \times 10^{-5}}{0.0286} = 0.696$$

（9）求关联式 $Nu = ARe^m Pr^{0.4}$ 中的常数项

以 $\dfrac{Nu}{Pr^{0.4}}$ 为纵坐标，Re 为横坐标，在对数坐标系上标绘 $\dfrac{Nu}{Pr^{0.4}}$ - Re 关系，见图 6-8。由图线回归出如下结果：$y = 0.0256x^{0.7693}$

即 $Nu = 0.0256 Re^{0.7693} Pr^{0.4}$

其他组数据处理方法同上，各项数据见表 6-14。

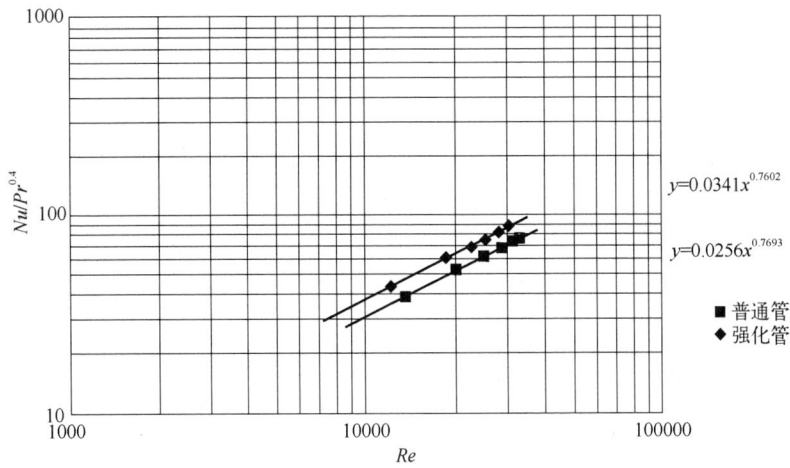

图 6-8 传热特征数关联图

表 6-14 普通管数据处理表

装置编号：1	普通管					
序号	1	2	3	4	5	6
孔板流量计压差/kPa	0.69	1.52	2.31	3.02	3.68	3.98
$t_1/℃$	33.9	36.80	39.60	42.60	46.70	49.30
$\rho_{t_1}/(kg/m^3)$	1.16	1.15	1.14	1.13	1.12	1.11
$t_2/℃$	74.1	72.9	72.9	73.5	75	76.1
$t_w/℃$	101.3	101.3	101.1	101.2	101.3	101.1
$\dfrac{t_1+t_2}{2}/℃$	54.00	54.85	56.25	58.05	60.85	62.70
$\rho_{空气}/(kg/m^3)$	1.09	1.09	1.08	1.08	1.07	1.06
$\lambda_m×10^2/[w/(m·℃)]$	2.85	2.86	2.87	2.88	2.90	2.92
$c_{pm}/[J/(kg·℃)]$	1005	1005	1005	1005	1005	1006
$\mu_m/10^{-4}Pa·s$	1.98	1.98	1.99	1.99	2.01	2.02
$(t_2-t_1)/℃$	40.20	36.10	33.30	30.90	28.30	26.80
$\Delta t_m/℃$	47.30	46.45	44.85	43.15	40.45	38.40
$V_{t_1}/(m^3/h)$	12.41	18.50	22.91	26.31	29.22	30.51
$V_m/(m^3/h)$	13.86	20.71	25.74	29.73	33.30	34.96
$u/(m/s)$	12.25	18.31	22.76	26.28	29.44	30.91
Q/W	170	227	260	277	281	278
$\alpha_i/[W/(m^2·℃)]$	48	65	77	85	92	96
$Re×10^{-4}$	1.35	2.01	2.49	2.84	3.14	3.26
Nu	33	45	54	59	64	66
$Nu/Pr^{0.4}$	39	52	62	68	73	76

强化管数据处理见表 6-15。

表 6-15　强化管数据处理表

装置编号：1	强化管					
序号	1	2	3	4	5	6
孔板流量计压差/kPa	0.57	1.30	1.93	2.41	2.97	3.41
t_1/℃	36.4	37.90	40.80	44.50	48.20	52.60
ρ_{t_1}/(kg/m³)	1.15	1.15	1.14	1.12	1.11	1.10
t_2/℃	83	81.2	80.5	81.2	82.4	83.9
t_w/℃	101.2	101.2	101.2	101.0	101.0	100.9
$\dfrac{t_1+t_2}{2}$/℃	59.70	59.55	60.65	62.85	65.30	68.25
$\rho_{空气}$/(kg/m³)	1.07	1.07	1.07	1.06	1.05	1.04
$\lambda_m \times 10^2$/[w/(m·℃)]	2.89	2.89	2.90	2.92	2.94	2.96
c_{pm}/[J/(kg·℃)]	1005	1005	1005	1005	1005	1006
μ_m/10⁻⁴Pa·s	2.00	2.00	2.01	2.02	2.03	2.04
(t_2-t_1)/℃	46.60	43.30	39.70	36.70	34.20	31.30
Δt_m/℃	41.50	41.65	40.55	38.15	35.70	32.65
V_{t_1}/(m³/h)	11.33	17.14	20.98	23.57	26.31	28.39
V_m/(m³/h)	12.86	19.45	23.89	27.02	30.38	33.06
u/(m/s)	11.37	17.20	21.12	23.89	26.86	29.23
Q/W	170	238	264	272	279	272
α_i / [W/(m²·℃)]	54	76	86	94	104	111
$Re \times 10^{-4}$	1.22	1.85	2.25	2.52	2.79	2.99
Nu	37	52	60	65	71	75
$Nu/Pr^{0.4}$	43	60	69	75	82	86

二、升级设备数据处理

以光滑管为例，原始数据记录见表 6-16。

表 6-16　光滑管原始数据表

	管内径 26mm，管外径 30mm，管长 1380mm，大气压 101325Pa							
序号	流量计前风压 PI01/kPa	流量计前风温 TI01/℃	文丘里压差 PDI02/kPa	进口风温 TI23/℃	出口风温 TI21/℃	出口壁温 TI22/℃	进口壁温 TI24/℃	蒸汽温度 TI25/℃
1	0.29	13.8	0.22	13.3	65.0	99.0	98.4	99.4
2	0.48	13.2	0.30	12.9	63.8	99.4	98.2	98.8
3	0.96	13.6	0.50	12.9	61.8	99.4	97.8	98.5
4	1.45	14.2	0.70	13.1	60.4	99.4	97.4	98.2
5	1.76	14.6	0.84	13.5	59.9	99.4	97.2	98.2
6	3.59	18.0	1.61	16.3	58.8	99.4	96.5	97.4
7	5.03	20.6	2.23	18.1	58.5	99.4	96.2	97.2

以光滑管第一组数据计算为例。

管内空气物性：

流量计标定条件为p_0=101325Pa，T_0=(273.15+20)K，ρ_0=1.205kg/m³

空气密度

$$\rho_1 = \frac{(101.325 + PI01) \times (273.15 + 20)}{101.325 \times (273.15 + TI01)} \times 1.205$$

$$= \frac{(101.325 + 0.29 \times 1000)(273.15 + 20)}{101.325 \times (273.15 + 13.8)} \times 1.205 = 1.235 \text{（kg/m}^3\text{）}$$

空气体积流量

$$V_1 = (C_v \times 3.14 \times 0.0172^2/4) \times (2 \times PDI02 \times 1000/\rho_1)^{0.5} \times 3600 = 15.65 \text{（m}^3\text{/h）}$$

$$V_1 = C_v A_0 \sqrt{\frac{2\Delta p}{\rho}} = \frac{0.995 \times 3.14 \times 0.01717^2}{4} \times \sqrt{\frac{2 \times 0.22 \times 1000}{1.235}} \times 3600 = 15.65 \text{（m}^3\text{/h）}$$

空气质量流量 $G = V_1 \times \rho_1 = 15.65 \times 1.235 = 19.32$（kg/h）

管内空气的定性温度 $t_{定}$=(TI23+TI21)/2=(13.3+65)/2=39.15（℃）

管内空气黏度 $\mu = 0.0492 \times t_{定} + 17.15 = 0.0492 \times 39.15 + 17.15 = 19.08$（Pa·s）

管内空气热导率 $\lambda = 0.0753 \times t_{定} + 24.45 = 0.0274$［W/（m·K）］

$$Re = \frac{4G}{\pi d \mu} = \frac{4 \times 19.32}{3600 \times 3.14 \times 0.026 \times 19.08 \times 10^{-6}} = 13784$$

$$Pr = \frac{c_p \times \mu}{\lambda} = \frac{1.005 \times 19.08}{27.4} = 0.6997$$

$$\Delta t_a = TI24 - TI23 = 98.4 - 13.3 = 85.1 \text{（℃）}$$

$$\Delta t_b = TI22 - TI21 = 99.0 - 65 = 34 \text{（℃）}$$

$$\Delta t_m = \frac{\Delta t_a - \Delta t_b}{\ln\left(\dfrac{\Delta t_a}{\Delta t_b}\right)} = 55.7 \text{（℃）}$$

热负荷 $Q = \dfrac{G \times c_p \times 1000(t_2 - t_1)}{3600} = \dfrac{19.32 \times 1.005 \times 1000 \times (65 - 13.3)}{3600} = 278.9$（W）

管内传热膜系数 $\alpha_i = \dfrac{Q}{A\Delta t_m} = \dfrac{278.9}{0.11272 \times 55.7} = 44.42$［W/（m²·K）］

$$\alpha_{i计} = 0.023 \frac{\lambda}{d} Re^{0.8} Pr^{0.4} = 0.023 \times \frac{27.4}{1000 \times 0.026} \times 13784^{0.8} \times 0.6997^{0.4}$$

$$= 43 \text{［W/（m}^2\text{·K）］}$$

实验测得的管内努赛尔数 $Nu_{i测} = \dfrac{\alpha_{i测} \times d}{\lambda} = \dfrac{44.42 \times 0.026}{27.4 \times 1000} = 42.15$

由经验公式计算的管内努赛尔数 $Nu_{i计} = 0.023Re^{0.8}Pr^{0.4} = 0.023 \times 13784^{0.8} \times 0.6997^{0.4} = 40.85$

以 $Nu_{i测}/Pr^{0.4}$ 和 $Nu_{i计}/Pr^{0.4}$ 为纵坐标，Re 为横坐标作图。光滑管 $Nu_{i测}/Pr^{0.4}$、$Nu_{i计}/Pr^{0.4}$ 与

Re 的关系图如图 6-9 所示。

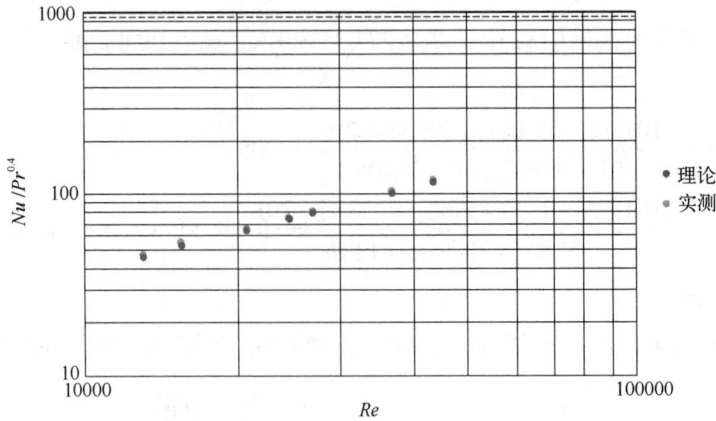

图 6-9 光滑管 $Nu_{i测}/Pr^{0.4}$、$Nu_{i计}/Pr^{0.4}$ 与 Re 的关系图

管外水物性：

$$T_w=(TI22+TI24)/2=(99.0+98.4)/2=98.7（℃）$$

管外水蒸气的定性温度 $T_{定}$=(TI25+T_w)/2=(99.4+98.7)/2=99.05（℃）

密度

$$\rho = 0.00002 \times T_{定}^3 - 0.0059 \times T_{定}^2 + 0.0191 T_{定} + 999.99$$

$$= 0.00002 \times 99.05^3 - 0.0059 \times 99.05^2 + 0.0191 \times 99.05 + 999.99$$

$$= 963.4（kg/m^3）$$

热导率

$$\lambda = -0.00001 \times T_{定}^2 + 0.0023 T_{定} + 0.5565$$

$$= -0.00001 \times 99.05^2 + 0.0023 \times 99.05 + 0.5565$$

$$= 0.6862 [W/（m \cdot K）]$$

黏度 $\mu = \dfrac{(0.0418 \times T_{定}^2 - 11.14 \times T_{定} + 979.02)}{1000} = \dfrac{(0.0418 \times 99.05^2 - 11.14 \times 99.05 + 979.02)}{1000}$

$$= 0.0002857（Pa \cdot s）$$

汽化热

$$r = -0.0019 \times T_{定}^2 - 2.1265 T_{定} + 2489.3 = 2260（kJ/kg）$$

管外

$$\Delta t = TI25-(TI24+TI22)/2 = 99.4-(98.4+99)/2 = 0.7（℃）$$

管外

$$\Delta t_m = [(TI25-TI24)+(TI25-TI22)]/2 = [(99.4-98.4)+(99.4-99)]/2 = 0.7（℃）$$

管外传热膜系数

$$\alpha_{o测} = \frac{Q}{A\Delta t_m} = \frac{278.9}{(0.13006 \times 0.7)} = 3062 [W/（m^2 \cdot K）]$$

管外传热膜系数

$$\alpha_{o计} = 0.725 \times \left(\frac{\rho^2 g \lambda^3 r}{d_o \Delta t \mu}\right)^{0.25} = 0.725 \times \left(\frac{2260 \times 1000 \times 963.4^2 \times 9.81 \times 0.6862^3}{\dfrac{0.2875}{1000} \times 0.03 \times 0.7}\right)^{0.25}$$

$$= 23486 [W/（m^2 \cdot K）]$$

总传热系数计算：

$$\Delta t_a = TI25 - TI23 = 99.4 - 13.3 = 86.1（℃）$$

$$\Delta t_b = TI25 - TI21 = 99.4 - 65 = 34.4（℃）$$

$$\Delta t_m = (\Delta t_a - \Delta t_b)/\ln(\Delta t_a/\Delta t_b) = 56.35（℃）$$

$$K_{测} = \frac{Q}{A\Delta t_m} = \frac{278.9}{0.13006 \times 56.35} = 38.04 \left[W/（m^2 \cdot K）\right]$$

$$K_{计} = \cfrac{1}{\left(\cfrac{d_o}{\alpha_i d_i} + \cfrac{b d_o}{\lambda d_m} + \cfrac{1}{\alpha_o}\right)} = \cfrac{1}{\left(\cfrac{30}{26 \times 43} + \cfrac{(30-26) \times 10^{-3} \times 30}{380 \times \cfrac{(30+26)}{2}} + \cfrac{1}{23486.0}\right)} = 37.19 \left[W/（m^2 \cdot K）\right]$$

由测得的对流传热系数 $\alpha_{o测}$ 计算出 K，得

$$K_{测计} = \cfrac{1}{\left(\cfrac{d_o}{\alpha_{i测} d_i} + \cfrac{b d_o}{\lambda d_m} + \cfrac{1}{\alpha_{o测}}\right)} = \cfrac{1}{\left(\cfrac{30}{26 \times 44.2} + \cfrac{(30-26) \times 10^{-3} \times 30}{380 \times \cfrac{(30+26)}{2}} + \cfrac{1}{3062}\right)} = 38.0 \left[W/（m^2 \cdot K）\right]$$

实验六　精馏实验数据处理

一、传统设备数据处理

传统设备实验记录表如表 6-17 所示。

表 6-17　精馏实验传统设备原始数据及处理结果

操作条件	全回流：$R=\infty$		部分回流：$R=4$　进料量：2L/h 进料温度：30.4℃		
			实验装置：1　实际塔板数：10 实验物系：乙醇-正丙醇　折射仪分析温度：30℃		
	塔顶	塔釜	塔顶	塔釜	进料
折射率 n	1.3611	1.3769	1.3637	1.3782	1.3755

实验数据处理过程如下。

1. 全回流

塔顶样品折射率　　　　　　　$n_D = 1.3611$

乙醇质量分率　　　　$W = 58.844116 - 42.61325 \times n_D$

　　　　　　　　　　$= 58.844116 - 42.61325 \times 1.3611 = 0.843$

摩尔分率
$$x_D = \frac{0.843/46}{(0.843/46)+(1-0.843)/60} = 0.875$$

同理，塔釜样品折射率 n_w=1.3769

乙醇的质量分率
$$W=58.844116-42.61325 \times n_D$$
$$=58.844116-42.61325 \times 1.3769=0.169$$

摩尔分率
$$x_w=0.209$$

在平衡线和操作线之间图解理论板数 3.53，如图 6-10 所示。

全塔效率
$$E_T = \frac{N_T}{N_P} = \frac{3.53}{10} = 35.3\%$$

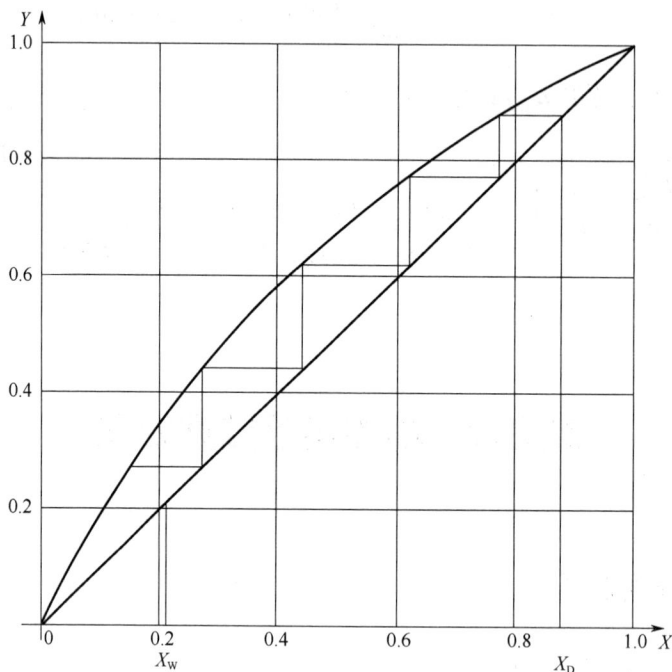

图 6-10　全回流平衡线和操作线图

2. 部分回流（R=4）

塔顶样品折射率 $\qquad\qquad\qquad n_D$=1.3637

塔釜样品折射率 $\qquad\qquad\qquad n_w$=1.3782

进料样品折射率 $\qquad\qquad\qquad n_F$=1.3755

塔顶、塔釜、进料的摩尔分率为 x_D=0.781，x_w=0.144，x_F=0.280

进料温度 t_F=30.4℃，在 x_F=0.280 下泡点温度：$t_b=9.1389x_F^2-27.861x_F+97.359=90.27$（℃）

乙醇在 60.3℃下的比热容 $\qquad c_{p1}$=3.08kJ/（kg·℃）

正丙醇在 60.3℃下的比热容 $\qquad c_{p2}$=2.89kJ/（kg·℃）

乙醇在 90.27℃下的汽化潜热 $\qquad r_1$=821kJ/kg

正丙醇在 90.27℃下的汽化潜热 $\qquad r_2$=684kJ/kg

混合液体比热容 $\qquad c_{pm}$=46×0.280×3.08+60×(1-0.280)×2.89
$$=164.52[kJ/（kmol·℃）]$$

混合液体汽化潜热 $r_m=46×0.280×821+60×(1-0.280)×684$
$$=40123.28（kJ/kmol）$$

$$q = \frac{c_{pm} \times (t_b - t_F) + r_m}{r_m} = \frac{164.52 \times (90.27 - 30.4) + 40123.28}{40123.28} = 1.25$$

$$q \text{ 线斜率} = \frac{q}{q-1} = 4.98$$

在平衡线和精馏段、提馏段操作线之间图解理论板数 5.013，如图 6-11 所示。全塔效率 $E_T = \frac{N_T}{N_P} = 50.13\%$。

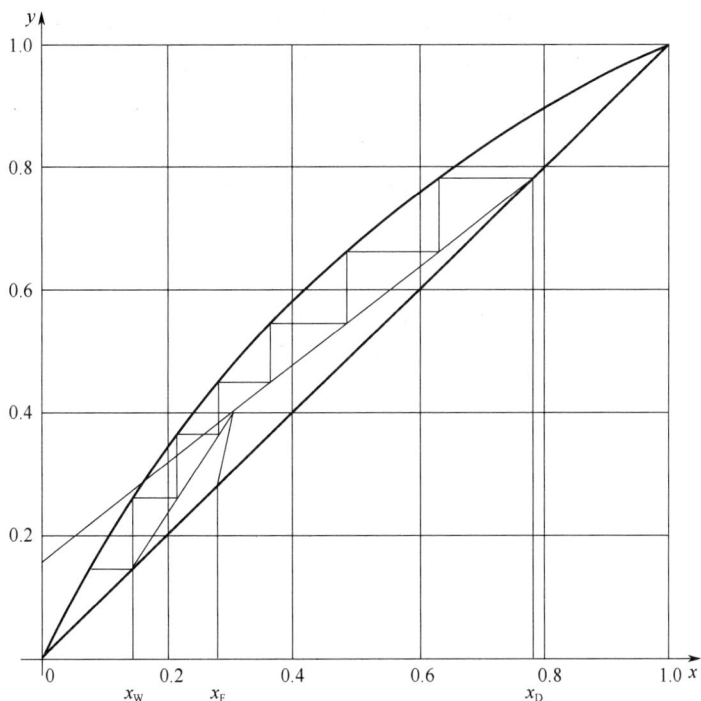

图 6-11 部分回流平衡线和精馏段操作线、提馏段操作线图

二、升级设备数据处理

升级设备实验原始数据见表 6-18。

表 6-18 精馏实验升级设备原始数据

进料温度/℃	塔顶温度/℃	塔底温度/℃	进料浓度 x_F	塔顶浓度 x_D	塔顶浓度 x_D	回流比 R
30.3	78.1	97.1	0.0805	0.7833	0.005645	10

部分回流实验数据处理过程举例：

（1）进料热状况参数 q

根据 x_F 在 t-$x(y)$ 相图中可分别查出露点温度 t_d 和泡点温度 t_b。以上进料状态下 t_b=88.03℃，t_d=97.44℃。

在 x_F 组成、露点温度 t_d 下，饱和蒸气的焓

$$I_V = x_F I_1 + (1 - x_F) I_2$$
$$= x_F [c_{p1}(t_d - 0) + r_1] + (1 - x_F)[c_{p2}(t_d - 0) + r_2]$$

对乙醇比热容数据拟合后，得当前进料状态下：

c_{p1F}=0.1088kJ/（mol·℃），c_{p1b}=0.1202kJ/（mol·℃），c_{p1d}=0.1224kJ/（mol·℃），

c_{p2F}=0.07543kJ/（mol·℃），c_{p2b}=0.07529kJ/（mol·℃），c_{p2d}=0.07529kJ/（mol·℃）

查表得乙醇和水常压下的汽化潜热为 r_1=38.916kJ/mol，r_2=40.644kJ/mol

I_V=0.0805×（0.1224×97.44+38.91）+（1-0.0805）×（0.075×97.44+40.644）=48.2108（kJ/mol）

I_L=0.0805×0.1202×88.03+（1-0.0805）×0.07529×88.03=6.9465（kJ/mol）

I_F=0.0805×0.1088×30.3+（1-0.0805）×0.07543×30.3=2.3669（kJ/mol）

$$q = \frac{I_V - I_F}{I_V - I_L} = \frac{48.2108 - 6.9465}{48.2108 - 2.3669} = 1.11$$

（2）精馏段操作线方程

$$y = \frac{R}{R+1}x + \frac{x_D}{R+1}$$

代入数据得　　　　　　　　　　　$y = 0.9091x + 0.0712$

（3）q 线方程

$$y = 10.09x - 0.7318$$

（4）提馏段操作线方程

$$y = 1.7732x - 0.0044$$

（5）理论板数求解

由以上操作线方程采用绘图法得理论塔板数 N_T=6，如图 6-12 所示。

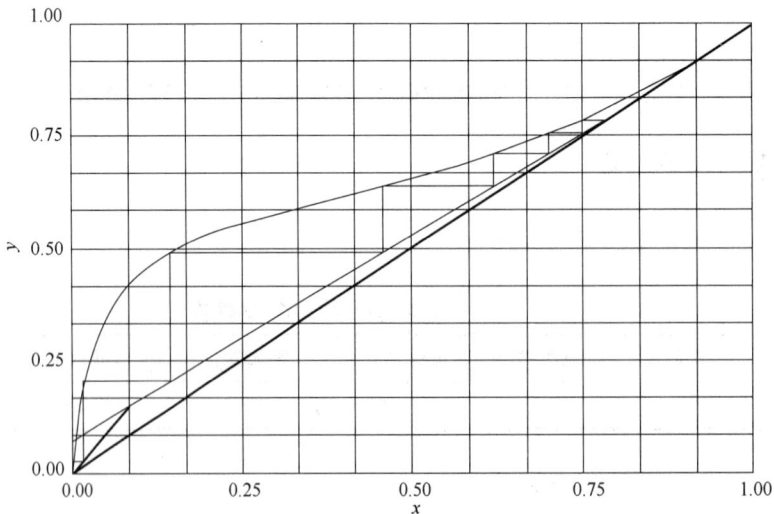

图 6-12　作图法求解理论板数

全塔效率 $E_T = \dfrac{N_T}{N_P} = 50\%$ 。

实验七　二氧化碳吸收与解吸实验数据处理

一、传统设备数据处理

1. 实验原始数据记录表

二氧化碳在水中的亨利系数见表 6-19 所示，流体力学实验设备原始数据记录及整理数据如表 6-20 和表 6-21 所示。吸收-解吸综合实验见表 6-22 所示。

表 6-19　二氧化碳在水中的亨利系数 E　　　　　　　　　　　　单位：10^5kPa

气体	温度/℃											
	0	5	10	15	20	25	30	35	40	45	50	60
CO_2	0.738	0.888	1.05	1.24	1.44	1.66	1.88	2.12	2.36	2.60	2.87	3.46

表 6-20　干填料时 $\Delta p / Z$-u 关系测定

序号	填料层压降 Δp/mmH$_2$O	单位高度填料层压降 $(\Delta p/z)$/(mmH$_2$O/m)	空气转子流量计读数 V_h/(m³/h)	空塔气速 u/(m/s)
		L=0L/h，填料层高度 Z=0.8m，塔径 D=0.05m		
1	4	5.0	0.5	0.07
2	5	6.3	1	0.14
3	7	8.8	1.5	0.21
4	11	13.8	2	0.28
5	14	17.5	2.5	0.35

表 6-21　湿填料时 $\Delta p / Z$-u 关系测定

序号	填料层压降 Δp/mmH$_2$O	单位高度填料层压降 $(\Delta p/z)$/(mmH$_2$O/m)	空气转子流量计读数 V_h/(m³/h)	空塔气速 u/(m/s)	操作现象
		L=100L/h，填料层高度 Z=0.8m，塔径 D=0.05m			
1	19.0	23.8	0.25	0.04	正常
2	34.0	42.5	0.50	0.07	正常
3	45.0	56.3	0.60	0.08	正常
4	56.0	70.0	0.70	0.10	正常
5	69.0	86.3	0.80	0.11	正常
6	86.0	107.5	0.90	0.13	正常
7	100.0	125.0	1.00	0.14	正常
8	112.0	140.0	1.10	0.16	正常

序号	填料层压降Δ p/mmH₂O	单位高度填料层压降（Δ p/z)/(mmH₂O/m)	空气转子流量计读数 V_h/(m³/h)	空塔气速 u/(m/s)	操作现象
9	131.0	163.8	1.20	0.17	正常
10	146.0	182.5	1.30	0.18	积水
11	158.0	197.5	1.40	0.20	有小气泡
12	210.0	262.5	1.50	0.21	气泡变大
13	260.0	325.0	1.60	0.23	液体外溢

表 6-22　吸收-解吸传质能力测定实验记录表

被吸收的气体：CO₂，吸收剂：水，塔内径 D=0.05m，填料层高度 Z=0.8m				
记录项目	数值		记录项目	数值
吸收塔底液相温度/℃	25		样本体积/mL	20
吸收剂流量/(L/h)	60	塔顶采样	Ba(OH)₂ 体积/mL	10
吸收空气流量计读数/(m³/h)	0.7		滴定用 HCl 体积/mL	17.9
吸收 CO₂ 流量计读数/ (m³/h)	0.242		样本体积/mL	20
CO₂ 转子流量计处温度/℃	25	塔底采样	Ba(OH)₂ 体积/mL	10
滴定用 HCl 的浓度/(mol/L)	0.108		滴定用 HCl 体积/mL	15.6
中和 CO₂ 用 Ba(OH)₂ 的浓度/(mol/L)	0.0972			

2. 填料塔流体力学性能测定

以解吸塔数据为例：

转子流量计读数为 0.5m³/h，填料层压降为 4.0mmH₂O。

$$空塔气速 u = \frac{V_h}{3600 \times \frac{\pi}{4} \times D^2} = \frac{0.5}{3600 \times \frac{\pi}{4} \times 0.050^2} = 0.07 \mathrm{m/s}$$

单位填料层压降 $\dfrac{\Delta p}{Z} = \dfrac{4.0}{0.80} = 5.0$（mmH₂O/m)，在对数坐标纸上以空塔气速 u 为横坐标、

$\dfrac{\Delta p}{Z}$ 为纵坐标作图，标绘 $\dfrac{\Delta p}{Z}$-u 关系曲线。

干填料及湿填料时 $\dfrac{\Delta p}{Z}$-u 关系测定曲线如图 6-13 所示。

3. 传质实验

以吸收塔数据为例：

吸收液消耗盐酸体积 $V_1 = 15.6\mathrm{mL}$，则吸收液浓度

$$c_{A_1} = \frac{2c_{Ba(OH)_2} V_{Ba(OH)_2} - c_{HCl} V_{HCl}}{2V_{溶液}} = \frac{2 \times 0.0972 \times 10 - 0.108 \times 15.6}{2 \times 20}$$
$$= 0.00648 （mol/L)$$

因纯水中含有少量的二氧化碳，所以纯水滴定消耗盐酸体积 $V_1 = 17.9\mathrm{mL}$，则塔顶水中

CO_2 浓度

$$c_{A_2} = \frac{2c_{Ba(OH)_2}V_{Ba(OH)_2} - c_{HCl}V_{HCl}}{2V_{溶液}} = \frac{2 \times 0.0972 \times 10 - 0.108 \times 17.9}{2 \times 20}$$

$$= 0.00027 \, (mol/L)$$

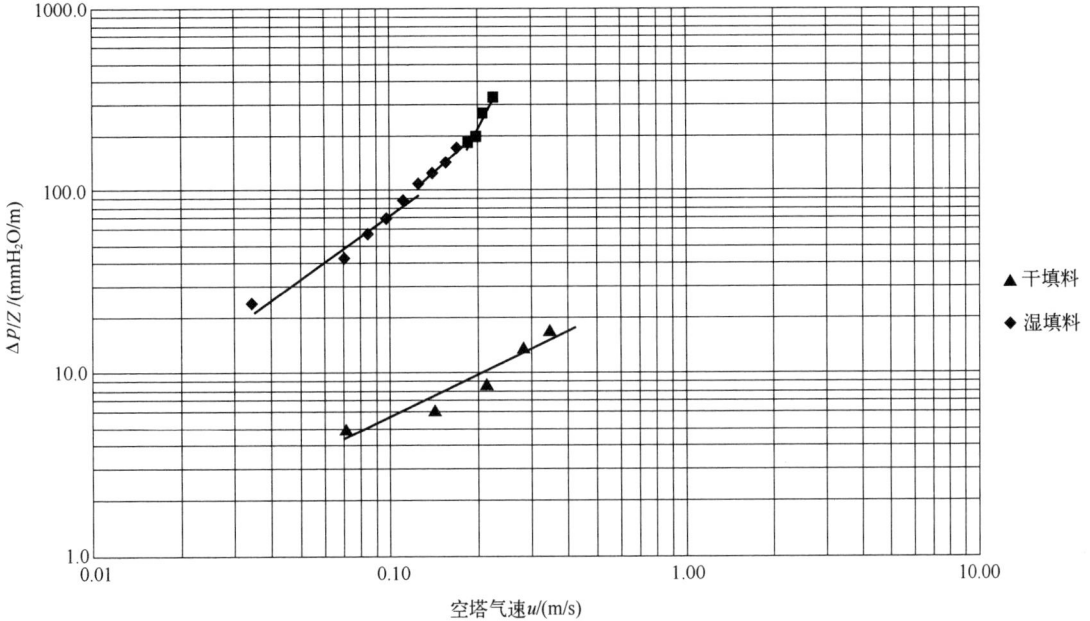

图 6-13 干填料及湿填料时 $\frac{\Delta p}{Z}$-u 关系曲线图

塔底液温度 $t = 25℃$，查得 CO_2 的亨利系数 $E = 1.66 \times 10^8 \, Pa$ ，则 CO_2 的溶解度常数

$$H = \frac{\rho_{水}}{M_s} \times \frac{1}{E} = \frac{998.2}{18} \times \frac{1}{1.66 \times 10^8} = 3.34 \times 10^{-7} [kmol/(m^3 \cdot Pa)]$$

$$y_1 = \frac{0.242 \times \sqrt{\dfrac{1.204}{1.85}}}{0.242 \times \sqrt{\dfrac{1.204}{1.85}} + 0.7} = 0.2181; \quad Y_1 = \frac{y_1}{1 - y_1} = \frac{0.2569}{1 - 0.2569} = 0.2789$$

$$x_1 = \frac{c_{A_1}}{\dfrac{\rho V}{M}} = \frac{0.00648}{\dfrac{998.2}{18}} = 1.1685 \times 10^{-4}; \quad x_2 = \frac{c_{A_2}}{\dfrac{\rho V}{M}} = \frac{0.00027}{\dfrac{998.2}{18}} = 4.87 \times 10^{-6}$$

$$X_1 = \frac{x_1}{1 - x_1} = \frac{1.1685 \times 10^{-4}}{1 - 1.1685 \times 10^{-4}} = 1.1686 \times 10^{-4}$$

$$X_2 \approx x_2 = 4.87 \times 10^{-6}$$

将水流量单位进行换算

$$L = \frac{V_{h水}\rho_水}{M_水} = \frac{\frac{60}{1000} \times 998.2}{18} = 3.327(\text{kmol}/\text{h})$$

将气体流量单位进行换算

$$V = \frac{V_{h空气}\rho_0}{M_{空气}} = \frac{0.7 \times 1.205}{29} = 0.0291(\text{kmol}/\text{h})$$

根据全塔物料衡算

$$Y_2 = Y_1 - \frac{L}{V}(X_1 - X_2)$$

$$= 0.2789 - \frac{3.327}{0.0291}(1.1686 \times 10^{-4} - 4.87 \times 10^{-6}) = 0.2661$$

$$y_2 = \frac{Y_2}{1 + Y_2} = \frac{0.2661}{1 + 0.2661} = 0.2102$$

塔顶和塔底的平衡浓度为：

$$c_{A1}^* = Hp_{A1} = Hp_0 y_1 = 3.34 \times 10^{-7} \times 101325 \times 0.2181 = 0.00738（\text{mol}/\text{L}）$$

$$c_{A2}^* = Hp_{A2} = Hp_0 y_2 = 3.34 \times 10^{-7} \times 101325 \times 0.2102 = 0.007114（\text{mol}/\text{L}）$$

吸收率

$$\varphi_A = \frac{Y_1 - Y_2}{Y_1} = \frac{0.2789 - 0.2661}{0.2789} = 0.046$$

液相平均推动力为：

$$\Delta c_{Am} = \frac{\Delta c_{A2} - \Delta c_{A1}}{\ln\frac{\Delta c_{A2}}{\Delta c_{A1}}} = \frac{(c_{A2}^* - c_{A2}) - (c_{A1}^* - c_{A1})}{\ln\frac{c_{A2}^* - c_{A2}}{c_{A1}^* - c_{A1}}}$$

$$= \frac{(0.007114 - 0.00027) - (0.00738 - 0.00648)}{\ln\frac{0.007114 - 0.00027}{0.00738 - 0.00648}}$$

$$= \frac{0.006844 - 0.0009}{\ln\frac{0.006844}{0.0009}} = 0.00293(\text{kmol}/\text{m}^3)$$

因本实验采用的物系不仅遵循亨利定律，而且气膜阻力可以不计，在此情况下，整个传质过程阻力都集中于液膜，属液膜控制过程，则液膜体积传质系数等于液相总体积传质系数，即

$$\begin{cases} k_L a \approx K_L a \\ h = \frac{V_{sL}}{K_L aS} \times \frac{c_{A1} - c_{A2}}{\Delta c_{Am}} \quad \Rightarrow k_L a = \frac{V_{sL}}{hS} \times \frac{c_{A1} - c_{A2}}{\Delta c_{Am}} \\ K_L a = \frac{V_{sL}}{hS} \times \frac{c_{A1} - c_{A2}}{\Delta c_{Am}} \end{cases}$$

$$k_L a = \frac{60 \times 10^{-3}}{3600 \times 0.80 \times \frac{\pi}{4} \times 0.050^2} \times \frac{0.00648 - 0.00027}{0.00293} = 0.0225 \, (\text{m} / \text{s})$$

$$H_{OL} = \frac{V_{sL}}{K_L aS} = \frac{60 \times 10^{-3}}{3600 \times 0.0225 \times \frac{\pi}{4} \times 0.050^2} = 0.377 \, (\text{m})$$

$$N_{OL} = \frac{c_{A1} - c_{A2}}{\Delta c_{Am}} = \frac{0.00648 - 0.00027}{0.00293} = 2.12$$

填料吸收塔传质实验结果汇总如表 6-23 所示。

表 6-23　填料吸收塔传质实验计算结果汇总

被吸收的气体：CO_2，吸收剂：水，塔内径 D=0.05m，填料层高度 Z=0.8m			
计算项目	数值	计算项目	数值
25℃时 CO_2 的亨利常数 $E/10^8$Pa	1.66	塔底混合气中 CO_2 的摩尔分数 y_2	0.2102
塔底吸收液浓度 c_{A1} /(kmol/m³)	0.00648	塔底混合气中 CO_2 的摩尔比 Y_2	0.2661
塔顶解吸液浓度 c_{A2} /(kmol/m³)	0.00027	平衡浓度 c_{A1}^* /(kmol/m³)	0.00738
塔底吸收液摩尔分数 x_1	1.1685×10^{-4}	平衡浓度 c_{A2}^* /(kmol/m³)	0.007114
塔底吸收液摩尔比 X_1	1.1686×10^{-4}	平均推动力 Δc_{Am} /(kmol/m³)	0.00293
塔顶解吸液摩尔分数 x_2	4.87×10^{-6}	液相体积传质系数 $k_L a$ /(m/s)	0.0225
塔顶解吸液摩尔比 X_2	4.87×10^{-6}	液相总传质单元高度 H_{OL}/m	0.377
塔底混合气中 CO_2 的摩尔分数 y_1	0.2181	液相总传质单元数 N_{OL}	2.12
塔底混合气中 CO_2 的摩尔比 Y_1	0.2789	吸收率 φ_A	0.046

二、升级设备数据处理

1. 填料塔流体力学性能测定实验

升级设备流体力学性能测定实验原始数据记录如表 6-24 所示。

表 6-24　填料塔流体力学性能测定实验数据表

序号	水流量=0L/h			水流量=200L/h			水流量=300L/h			水流量=400L/h		
	空气流量 /(m³/h)	风速 /(m/h)	全塔压差 /Pa	空气流量 /(m³/h)	风速 /(m/h)	全塔压差/Pa	空气流量 /(m³/h)	风速 /(m/h)	全塔压差/Pa	空气流量 /(m³/h)	风速 /(m/h)	全塔压差 /Pa
1	2	254.8	5	2	254.8	30	2	254.8	70	2	254.8	30
2	3	382.2	11	3	382.2	67	3	382.2	200	3	382.2	67
3	4	509.5	21	4	509.5	120	4	509.5	378	4	509.5	120
4	5	636.9	33	5	636.9	180	5	636.9	720	5	636.9	180
5	6	764.3	47	6	764.3	310	6	764.3	980	5.3	675.2	310
6	7	891.7	62	7	891.7	465	6.5	828	465	5.5	700.6	液泛
7	8	1019.1	84	8	1019.1	800	7	891.7	液泛			
8	9	1146.5	103	8.5	1082.8	液泛						

以水流量200L/h为例进行计算,空气流量为2m³/h,塔径为0.1m,空塔气速$u = \dfrac{V_h}{\dfrac{\pi}{4} \times D^2} =$

$\dfrac{2}{\dfrac{\pi}{4} \times 0.1^2} = 254.8$(m/h)。

不同水流量下Δp-u的关系曲线如图6-14所示。

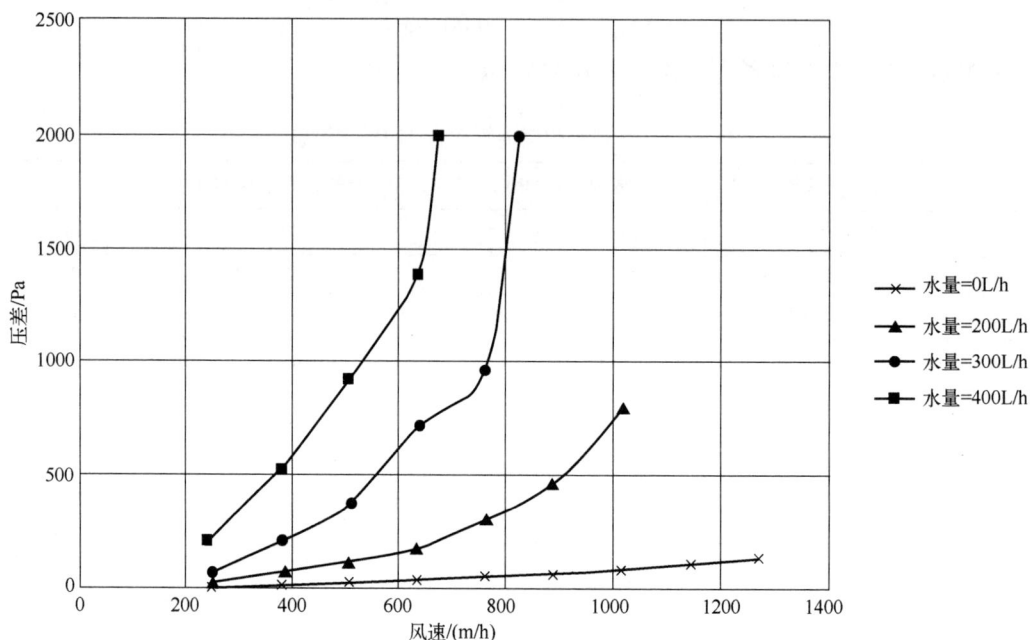

图6-14 不同水量时Δp-u关系曲线图

2. 单吸收实验

升级设备吸收实验原始数据记录如表6-25所示。

表6-25 吸收实验数据表

序号	空气流量/(m³/h)	CO₂流量/(m³/h)	水 V_h/(L/h)	气相组成/%		备注
				y_1	y_2	
1	0.75	0.15	197	10.12	8.37	吸收
2			347	10.23	7.47	

以第1组数据为例:

$$h = \frac{L}{K_X a S} \times \frac{X_1 - X_2}{\Delta X_m} = \frac{G_A}{K_X a S \Delta X_m} \,, \quad G_A = K_X a V_{填料} \Delta X_m \,, \quad 则 K_X a = \frac{G_A}{V_{填料} \Delta X_m}$$

(1)G_A的计算

将水流量单位进行换算

$$L = \frac{V_{h水} \rho_水}{M_水} = \frac{\dfrac{197}{1000} \times 998.2}{18} = 10.93 \,(\text{kmol / h})$$

将气体流量单位进行换算

$$V = \frac{V_{h空气}\rho_0}{M_{空气}} = \frac{0.75 \times 1.205}{29} = 0.0312（kmol/h）$$

根据全塔物料衡算 $L(X_1 - X_2) = V(Y_1 - Y_2)$，二氧化碳体积分数转换：

$$y_1 = 10.12\% = 0.1012；\quad y_2 = 8.37\% = 0.0837$$

$$Y_1 = \frac{y_1}{1-y_1} = \frac{0.1012}{1-0.1012} = 0.113；\quad Y_2 = \frac{y_2}{1-y_2} = \frac{0.0837}{1-0.0837} = 0.091$$

单吸收实验认为吸收剂自来水中不含 CO_2，则 $X_2=0$［若吸收-解吸联合实验，X_2 即为前解吸计算出来的实际浓度 X_1（解吸塔）］，后根据全塔物料衡算：

$$X_1 = \frac{V(Y_1 - Y_2)}{L} = \frac{0.0312 \times (0.113 - 0.091)}{10.93} = 0.628 \times 10^{-4}$$

由此可计算出：

$$G_A = L(X_1 - X_2) = 10.93 \times 0.628 \times 10^{-4} \times 1000 = 0.686（mol/h）$$

（2）ΔX_m 的计算

不同温度下 CO_2-H_2O 的相平衡常数如表 6-26 所示。

表 6-26　不同温度下 CO_2-H_2O 的相平衡常数

温度/℃	5	10	15	20	25	30	35	40
$m=E/p$	877	1040	1220	1420	1640	1860	2083	2297

12℃时 $m=1080$，已计算出 $X_1=0.628\times10^{-4}$，$X_2=0$，$Y_1=0.113$，$Y_2=0.091$

$$X_2^* = \frac{Y_2}{m} = \frac{0.091}{1080} = 0.842 \times 10^{-4}；\quad X_1^* = \frac{Y_1}{m} = \frac{0.113}{1080} = 1.046 \times 10^{-4}$$

$$\Delta X_2 = X_2^* - X_2 = 0.842 \times 10^{-4}$$

$$\Delta X_1 = X_1^* - X_1 = 1.046 \times 10^{-4} - 0.628 \times 10^{-4} = 0.418 \times 10^{-4}$$

$$\Delta X_m = \frac{\Delta X_2 - \Delta X_1}{\ln\dfrac{\Delta X_2}{\Delta X_1}} = \frac{0.842 \times 10^{-4} - 0.418 \times 10^{-4}}{\ln\dfrac{0.842 \times 10^{-4}}{0.418 \times 10^{-4}}} = 0.605 \times 10^{-4}$$

$$K_X a = \frac{G_A}{V_{填料}\Delta X_m} = \frac{0.686/1000}{0.00432 \times 0.605 \times 10^{-4}} = 2624.73[kmol/(m^3 \cdot h)]$$

升级设备吸收实验计算结果如表 6-27 所示。

表 6-27　吸收实验数据计算结果汇总表

序号	空气流量 /(m³/h)	CO_2流量 /(m³/h)	水 V_h /(L/h)	气相组成/%		空气 G_A /(mol/h)	$\Delta X_m \times 10^4$	$K_X a$ /[kmol/(m³·h)]
				y_1	y_2			
1	0.75	0.15	197	10.12	8.37	0.686	0.605	2624.73
2			347	10.23	7.47	1.029	0.629	3786.88

3. 解吸实验

升级设备解吸实验数据表见表 6-28。

表 6-28　解吸实验数据表

序号	空气流量/(m³/h)	CO₂流量/(m³/h)	水 V_h/(L/h)	气相组成/%		备注
				y_1	y_2	
1	0.71	0.15	217	0.03	2.26	解吸

$$h = \frac{V}{K_Y a S} \times \frac{Y_2 - Y_1}{\Delta Y_m} = \frac{G_A}{K_Y a S \Delta Y_m}, \quad G_A = K_Y a V_{填料} \Delta Y_m, \quad 则 K_Y a = \frac{G_A}{V_{填料} \Delta Y_m}$$

（1）G_A 的计算

将水流量单位进行换算

$$L = \frac{V_{h水} \rho_水}{M_水} = \frac{\frac{217}{1000} \times 998.2}{18} = 12.03 \ （kmol/h）$$

将气体流量单位进行换算

$$V = \frac{V_{h空气} \rho_0}{M_{空气}} = \frac{0.71 \times 1.205}{29} = 0.0295 \ （kmol/h）$$

根据全塔物料衡算 $L(X_2 - X_1) = V(Y_2 - Y_1)$ ，二氧化碳体积分数换算

$$y_1 = 0.03\% = 0.0003; \quad y_2 = 2.26\% = 0.0226$$

$$Y_1 = \frac{y_1}{1 - y_1} = \frac{0.0003}{1 - 0.0003} = 0.0003; \quad Y_2 = \frac{y_2}{1 - y_2} = \frac{0.0226}{1 - 0.0226} = 0.0231$$

单解吸塔使用该温度下的饱和 CO_2 进行实验，在当前操作情况下，该解吸液的浓度 X_1 近似等于其平衡浓度 X_1^* ，X_1^* 可由亨利定律算出（12℃时 m=1080）。

$$X_1 \approx X_1^* = \frac{Y}{m} = \frac{1}{m} = \frac{1}{1080} = 9.25 \times 10^{-4}$$

$$X_2 = X_1 + \frac{V(Y_2 - Y_1)}{L} = 9.25 \times 10^{-4} + \frac{0.0295 \times (0.0211 - 0.0003)}{12.03}$$

$$= 9.76 \times 10^{-4}$$

$$G_A = L(X_2 - X_1) = 12.03 \times (9.76 \times 10^{-4} - 9.25 \times 10^{-4}) \times 1000$$

$$= 0.614 \ （mol/h）$$

（2）ΔY_m 的计算

12℃时 m=1080，由步骤（1）已计算出 X_1=9.25×10⁻⁴，X_2=9.76×10⁻⁴，Y_1=0.0003，Y_2=0.0231，计算可得：

$$Y_2^* = mX_2 = 1080 \times 9.76 \times 10^{-4} = 1.054$$

$$Y_1^* = mX_1 = 1080 \times 9.25 \times 10^{-4} = 0.999$$

$$\Delta Y_2 = Y_2^* - Y_2 = 1.054 - 0.0231 = 1.0309$$

$$\Delta Y_1 = Y_1^* - Y_1 = 0.999 - 0.0003 = 0.9987$$

$$\Delta Y_m = \frac{\Delta Y_2 - \Delta Y_1}{\ln \dfrac{\Delta Y_2}{\Delta Y_1}} = \frac{1.0309 - 0.9987}{\ln \dfrac{1.0309}{0.9987}} = 1.0147$$

由上述计算结果可得:

$$K_Y a = \frac{G_A}{V_{填料} \Delta Y_m} = \frac{0.614 / 1000}{0.00432 \times 1.0147} = 0.14[\text{kmol} / (\text{m}^3 \cdot \text{h})]$$

升级设备解吸实验计算结果如表 6-29 所示。

表 6-29　解吸实验数据计算结果汇总表

序号	空气流量 /(m³/h)	CO₂流量 /(m³/h)	水 V_h /(L/h)	气相组成/%		空气 G_A /(kmol/h)	ΔY_m	Ll (kmol/h)	$K_Y al$ [kmol/(m³·h)]
				y_1	y_2				
1	0.71	0.15	217	0.03	2.26	0.614	1.0147	12.03	0.149

吸收-解吸联合操作的情况下,进塔液体浓度 X_2(解吸塔)即为前吸收计算出来的实际浓度 X_1(吸收塔),计算方法参照吸收实验的计算步骤。

实验八　干燥实验数据处理

一、传统设备数据处理

1. 实验原始数据记录表

传统设备干燥实验数据表见表 6-30。

表 6-30　干燥实验数据记录及整理表

空气孔板流量计处压差=0.95kPa,流量计处的空气温度 t_0=35.7℃ 干球温度 t=60℃,湿球温度 t_w=30.1℃ 框架质量 G_D=121.3g,绝干物料量 G_C=19.3g 干燥面积 S=0.144×0.082×2=0.023616m²,洞道截面积=0.15×0.2=0.03m²					
序号	累计时间 τ/min	总重量 G_T/g	干基含水量 X/(kg/kg)	平均含水量 X_{Av}/(kg/kg)	干燥速率 U/[10⁻⁴kg/(s·m²)]
1	0	172.0	1.6296	1.5979	2.823
2	3	170.8	1.5661	1.5370	2.588
3	6	169.7	1.5079	1.4815	2.352
4	9	168.7	1.4550	1.4259	2.588
5	12	167.6	1.3968	1.3704	2.352
6	15	166.6	1.3439	1.3175	2.352
7	18	165.6	1.2910	1.2672	2.117
8	21	164.7	1.2434	1.2196	2.117

序号	累计时间 τ/min	总重量 G_T/g	干基含水量 X/(kg/kg)	平均含水量 X_{AV}/(kg/kg)	干燥速率 U/[10⁻⁴kg/(s·m²)]
9	24	163.8	1.1958	1.1720	2.117
10	27	162.9	1.1481	1.1217	2.352
11	30	161.9	1.0952	1.0714	2.117
12	33	161.0	1.0476	1.0238	2.117
13	36	160.1	1.0000	0.9788	1.882
14	39	159.3	0.9577	0.9339	2.117
15	42	158.4	0.9101	0.8889	1.882
16	45	157.6	0.8677	0.8466	1.882
17	48	156.8	0.8254	0.8042	1.882
18	51	156.0	0.7831	0.7619	1.882
19	54	155.2	0.7407	0.7196	1.882
20	57	154.4	0.6984	0.6799	1.647
21	60	153.7	0.6614	0.6402	1.882
22	63	152.9	0.6190	0.5979	1.882
23	66	152.1	0.5767	0.5556	1.882
24	69	151.3	0.5344	0.5159	1.647
25	72	150.6	0.4974	0.4815	1.411
26	75	150.0	0.4656	0.4524	1.176
27	78	149.5	0.4392	0.4259	1.176
28	81	149.0	0.4127	0.3968	1.411
29	84	148.4	0.3810	0.3651	1.411
30	87	147.8	0.3492	0.3333	1.411
31	90	147.2	0.3175	0.3042	1.176
32	93	146.7	0.2910	0.2751	1.411
33	96	146.1	0.2593	0.2460	1.176
34	99	145.6	0.2328	0.2196	1.176
35	102	145.1	0.2063	0.1958	0.941
36	105	144.7	0.1852	0.1772	0.706
37	108	144.4	0.1693	0.1614	0.706
38	111	144.1	0.1534	0.1481	0.470
39	114	143.9	0.1429	0.1376	0.470
40	117	143.7	0.1323	0.1296	0.235
41	120	143.6	0.1270	0.0635	

2. 数据计算

以表 6-30 所示的第 1 和 2 组数据为例。

$$i=1$$
$$i+1=2$$
$$G_{T,1}=172.0\text{g}$$
$$G_{T,2}=170.8\text{g}$$
$$G_D=121.3\text{g}$$
$$G_i=50.7\text{g}, \quad G_{i+1}=49.5\text{g}, \quad G_c=19.3\text{g}$$

$$X_i=1.6296\text{kg 水/kg 绝干物料}$$
$$X_{i+1}=1.5661\text{kg 水/kg 绝干物料}$$
$$X_{AV}=1.5979\text{kg 水/kg 绝干物料}$$
$$S=0.144\times0.082\times2=0.023616（\text{m}^2）$$
$$T_i=0\text{s}，\quad T_{i+1}=180\text{s}$$
$$U=2.823\times10^{-4}\left[\text{kg/}（\text{m}^2\cdot\text{s}）\right]$$

3. 干燥曲线及干燥速率曲线绘图

干燥曲线 $X\text{-}T$ 曲线用 X、T 数据进行标绘，见图 6-15；干燥速率曲线 $U\text{-}X$ 曲线用 U、X_{AV} 数据进行标绘，见图 6-16。

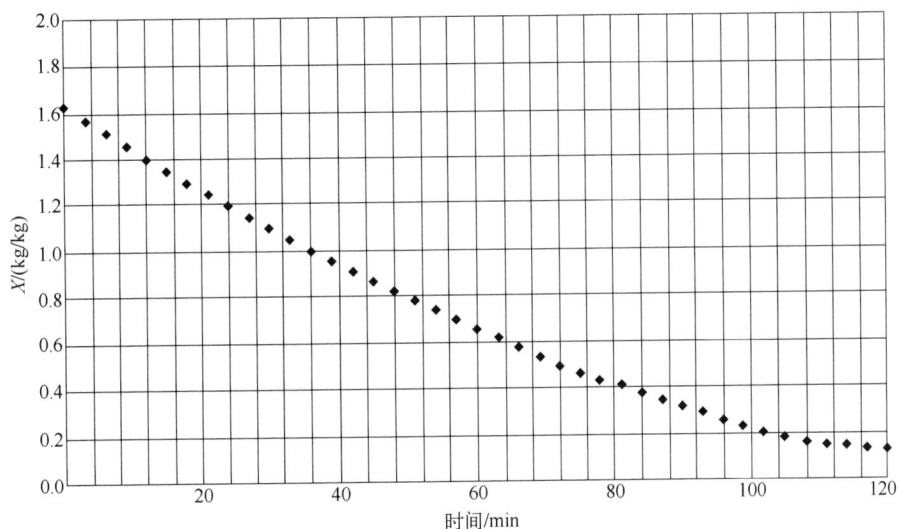

图 6-15　传统设备干燥曲线

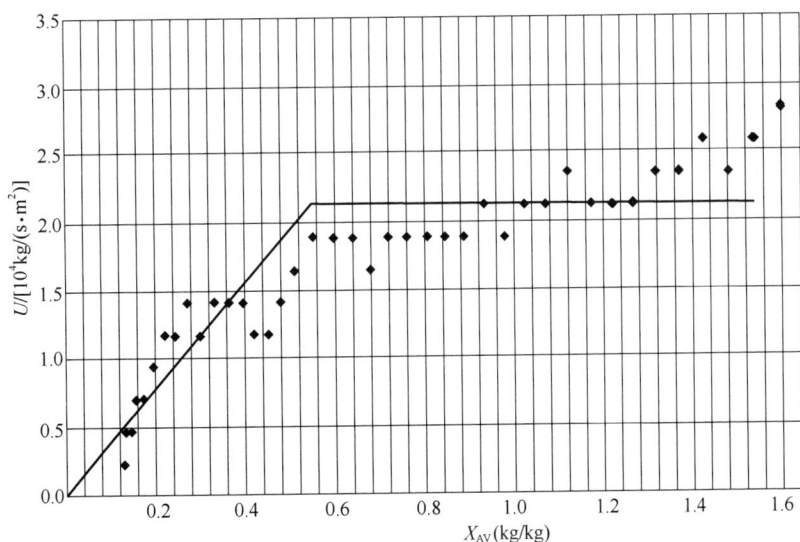

图 6-16　传统设备干燥速率曲线

二、升级设备数据处理

1. 实验数据记录表

升级设备干燥实验数据见表 6-31。

表 6-31 干燥实验数据表

绝干重量/g	湿物料长/mm	湿物料宽/mm	湿物料高/mm	干球温度 TIC01/℃
20	130	80	8	85.8
t_w 湿球温度 TI02/℃	孔板压差 PDI01/Pa	风机出口温度 TI01/℃	孔板孔截面积/m²	风洞截面积/m²
37.2	951	67.5	0.001696	0.018
湿物料 m/g	Δt/s	t/s	干基含水量 X/（kg/kg）	水分汽化速率 N_A/[g/（m²·s）]
79.5	0	0		
78.1	180	180	2.905	0.322
75.8	180	360	2.790	0.529
73	180	540	2.650	0.644
70	180	720	2.500	0.690
67	180	900	2.350	0.690
63.8	180	1080	2.190	0.736
60.5	180	1260	2.025	0.759
57.5	180	1440	1.875	0.690
54.3	180	1620	1.715	0.736
51	180	1800	1.550	0.759
47.8	180	1980	1.390	0.736
44.8	180	2160	1.240	0.690
41.8	180	2340	1.090	0.690
38.5	180	2520	0.925	0.759
36.3	180	2700	0.815	0.506
33.8	180	2880	0.690	0.575
32.3	180	3060	0.615	0.345
30.6	180	3240	0.530	0.391

2. 数据计算举例

以表 6-31 中第二组数据为例进行计算举例。

（1）干基含水量 X 的计算

$$X=(78.1-20)/20=2.905（kg 水/kg 绝干气）$$

（2）干燥速率 U 的计算

物料表面积

$$S=2\times l\times b+2\times l\times h+2\times b\times h$$
$$=2\times130\times80\times10^{-6}+2\times130\times8\times10^{-6}+2\times80\times8\times10^{-6}=0.02416（m^2）$$
$$U=(79.5-78.1)/(180\times0.02416)=0.322[kg\ 水/（m^2\cdot s）]$$

（3）恒速干燥阶段对流传热系数α的计算

湿球温度 t_w 下水汽分压 $p_s=0.10593t_w-3.2176t_w^2+142.91t_w=6315（Pa）$

湿球温度 t_w 下汽化潜热 $r_{t_w}=-2.292t_w+2492.7=2407（kJ/kg）$

湿球温度 t_w 下湿度　　$H_{t_w}=0.622p_s/(101325-p_s)$

$$=0.622\times6315.218/(101325-6315.218)$$

$$=0.04134（kg\ 水/kg\ 绝干气）$$

干燥室内湿度　　　　$H=H_{t_w}-1.09(t-t_w)/r_{t_w}$

$$=0.04134-1.09(85.8-37.2)/2407$$

$$=0.01934（kg\ 水/kg\ 绝干气）$$

干燥室内空气比体积　$V_H=(0.772+1.244H)\times(273+t)/273$

$$=(0.772+1.244\times0.01934)\times(273+67.5)/273$$

$$=1.015（m^3/kg）$$

干燥室内空气密度 $\rho_H=(1+H)/V_H=(1+0.01934)/1.015=1.0039（kg/m^3）$

干燥室风速 $u=C_0A_0(2\Delta p/\rho_H)^{0.5}/A=0.74\times0.001696\times(2\times951/1.0039)^{0.5}/0.018=2.87（m/s）$

湿空气质量流速 $G=u\rho_H=2.87\times1.0039=2.882[kg/（m^2\cdot s）]$

对流传质系数 $\alpha=0.0143G^{0.8}=0.0143\times2.882^{0.8}=0.03335[kW/（m^2\cdot℃）]$

传质系数 $K_H=\alpha/1.09=0.03335/1.09=0.03059[kg/（m^2\cdot s）]$

3. 干燥曲线及干燥速率曲线绘图

（1）干燥曲线

以干燥时间 t 为横坐标，干基含水量 X 为纵坐标，绘制干燥曲线，如图 6-17 所示。

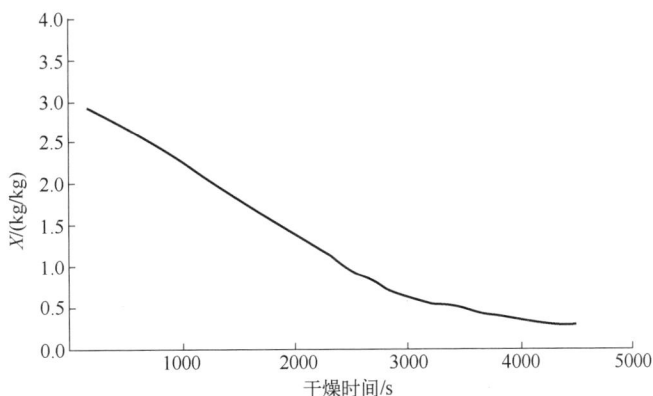

图 6-17　干燥曲线

（2）干燥速率曲线

以干基含水量 X 为横坐标，干燥速率 U 为纵坐标，绘制干燥速率曲线，如图 6-18 所示。

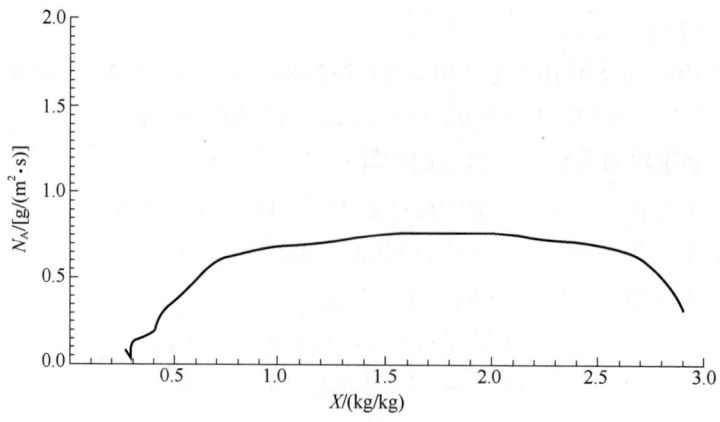

图 6-18　干燥速率曲线

参考文献

[1] 柴诚敬, 贾绍义. 化工原理上册[M]. 4 版. 北京: 高等教育出版社, 2022.

[2] 柴诚敬, 贾绍义. 化工原理下册[M]. 4 版. 北京: 高等教育出版社, 2023.

[3] 郭翠梨, 张金利, 胡瑞杰. 化工基础实验[M]. 北京: 化学工业出版社, 2024.

[4] 屈凌波, 任保增. 化工实验与实践[M]. 郑州: 郑州大学出版社, 2023.

[5] 张金利, 郭翠梨, 胡瑞杰, 等. 化工原理实验[M]. 2 版. 天津: 天津大学出版社, 2016.

[6] 朱永生. 实验数据分析[M]. 北京: 科学出版社, 2012.

[7] 吴石林, 张玘. 误差分析与数据处理[M]. 北京: 清华大学出版社, 2014.

[8] 厉玉鸣. 化工仪表及自动化[M]. 7 版. 北京: 化学工业出版社, 2024.